Une semaine de philosophie

DU MÊME AUTEUR

Descente, Flammarion, 1999.
Les Infidèles, Flammarion, 2002.

Pour Victoria et Marcel

LUNDI

Réfléchir peut-il nous rendre heureux ?

« Contemple-là, cette terre, telle que Dieu l'a donnée à ceux qui l'habitent. N'est-elle pas visiblement et uniquement disposée, plantée et boisée pour des animaux ? Qu'y a-t-il pour nous ? Rien. Et pour eux, tout : les cavernes, les arbres, les feuillages, les sources, le gîte, la nourriture et la boisson. Aussi les gens difficiles comme moi n'arrivent-ils jamais à s'y trouver bien. Ceux-là seuls qui se rapprochent de la brute sont contents et satisfaits. Mais les autres, les poètes, les délicats, les rêveurs, les chercheurs, les inquiets ? Ah les pauvres gens ! »

Guy de Maupassant[1]

Le Penseur sculpté par Rodin ne fait pas vraiment figure d'homme heureux : le corps entier semblant plier sous le poids du souci, la tête lourde de pensées

1. Guy de Maupassant, « L'inutile beauté », *Contes et Nouvelles*, Gallimard, 1974-1979, Bibliothèque de La Pléiade, t. II, p. 1217-1219.

métaphysiques, soutenue par un bras replié, le front au creux de la paume. Voilà plutôt un homme qui « se prend la tête ». De même, l'homme accablé de pensées, non métaphysiques mais logistiques, semble souvent plongé dans ses pensées plus que dans le bonheur.

Face à eux, pourrait-on dire, « l'imbécile heureux », qui se pose là mais ne se pose pas de question, profite de la vie dans la mesure de ses possibilités, un sourire toujours scotché sur son visage sans trop savoir pourquoi. Un rien le rend « heureux » : une mauvaise blague, une bière, une chaise longue, le simple fait d'exister. Il semble pourvu d'une sorte de don : sentir, sans même s'en rendre compte, que l'existence est un privilège.

Qui est vraiment le plus heureux ? L'imbécile heureux sait-il ce qu'est le bonheur ?

Le penseur lui non plus ne sait probablement pas ce qu'est le bonheur. Pourtant, malgré la fatigue et le doute, il éprouve une joie diffuse à se développer ainsi au contact de ses pensées, voire à se demander simplement s'il est heureux. Peut-être même ressent-il, au cœur de sa lucidité, une étrange satisfaction à prendre la mesure du chemin qui le sépare du bonheur, à comprendre qu'il ne comprendra pas tout. L'homme affairé, lui aussi, retirera du plaisir à régler les problèmes que sa réflexion lui soumet. Mais ce genre de joies, de plaisirs ou de satisfactions ne sont pas *le bonheur*.

Le bonheur, à la différence de la joie intense ou de la satisfaction ponctuelle, désigne un état, durable, de complète satisfaction : le fait de coïncider harmonieusement avec soi, sans aspirer à plus. La réflexion ne vient-elle pas souvent nous souffler que nous pourrions aspirer à autre chose ?

Penser alimenterait alors en nous une insatisfaction, et ne pourrait nous aider à mieux vivre. Nous aurions toutes les raisons de douter des vertus existentielles de notre réflexion. Mais l'imbécile heureux n'est jamais fou de bonheur, et son sourire un peu absent n'est pas l'indice d'un bonheur authentique. C'est comme s'il manquait de quelque chose pour être rempli d'un bonheur plus profond. De quoi manque-t-il alors... si ce n'est de réflexion ?

La réflexion nous place-t-elle nécessairement à distance de notre bonheur ou est-elle au contraire ce par quoi nous le mesurons, et donc l'éprouvons vraiment ?

1. Il est inutile de réfléchir pour être heureux.

« Bonne année, bonne santé ! », ou même simplement « Santé ! » : ainsi s'expriment le plus souvent les vœux de bonheur pour la nouvelle année. On ne souhaite à personne de beaucoup réfléchir pour être heureux, mais plutôt d'avoir la chance d'être épargné par la souffrance, la maladie, bref, par le sort. Où l'on retrouve cette idée, portée par l'étymologie[2], d'un bonheur inséparable d'une certaine dose de chance. De tels vœux de bonheur suggèrent clairement que

2. Bon/heur : bonne chance.

ceux qui ont la chance d'être ainsi épargnés devraient savoir simplement en profiter, au lieu de souffrir en poursuivant des buts superflus, le pouvoir, les richesses...

Nul besoin de réfléchir pour être heureux, répète donc chaque année la sagesse populaire. Le bonheur est une chance à saisir, et cela n'implique nul calcul, nulle réflexion pragmatique, nulle méditation métaphysique.

Mais c'est aussi suggérer que le bonheur ne dépend pas vraiment de nous. *Être épargné par le sort* : notre bonheur tient donc à cette clémence d'un autre que nous, ou d'autre chose que nous. Ne pas être frappé par le cancer, ne pas voir mourir ses enfants, voilà le pur bonheur, pensera celui qu'un tel sort accable. On voit mal quel philosophe irait le convaincre du contraire.

La réflexion n'est pas alors l'ennemie du bonheur, mais il dépend surtout d'autre chose : le confort matériel minimal, la guérison, des relations humaines de qualité, connaître l'amour, l'amitié, une vie de famille épanouie, ne pas souffrir de la solitude... Certaines personnes âgées condamnées à la solitude ont tout le loisir de réfléchir au sens de cette vie qui s'achève. Pourtant, le plus souvent, ce n'est pas cette réflexion qui les rendra heureuses, mais simplement une présence, quelqu'un à leurs côtés pour leur parler du temps qu'il fait. Les images les plus répandues du « bonheur » sont en elles-mêmes éclairantes : des parents entourés de leurs enfants, deux êtres qui s'aiment et se regardent, des parasols plantés dans du sable abritant des familles... Clichés vulgaires, dira-t-on. Mais pourquoi les hommes seraient-ils incapables de savoir ce qui les rend heureux ?

Comment les hommes pourraient-ils être dans l'erreur jusque dans leur impression de bonheur ? Au nom de quoi, quand ils pensent l'avoir trouvé, leur rétorquerait-on qu'il s'agit d'un bonheur illusoire, qu'il manque les *Méditations métaphysiques* de René Descartes sous le parasol ?

Il y a d'ailleurs dans cette sagesse populaire, voire dans ce refus de la réflexion et a fortiori de la philosophie, une option philosophique implicite et séduisante : apprendre à être heureux, c'est apprendre à savoir se réjouir de ce qui est (être aimé, vivant, en bonne santé), de ce qu'on a, ne pas attendre d'en être privé pour comprendre que c'était justement *ça* le bonheur. Nous avons la chance d'être ce que nous sommes, saisissons-la. D'ailleurs, nous aurions pu ne pas être, le monde lui-même aurait pu ne pas être. Ce privilège d'exister, d'être ce que nous sommes, jouissons-en simplement. Ne demandons rien de plus.

Il y a dans cette position du sens commun une intuition décisive quant à la nature du bonheur. Le bonheur, *on est dedans*. Être heureux, c'est être enveloppé de bonheur, probablement une réminiscence de ce que nous ressentions dans le ventre maternel. En parler, c'est déjà être extérieur à lui, et donc n'être pas heureux. Y penser est encore pire : la pensée tient toujours son objet à distance d'elle-même. C'est pourquoi la pensée, si elle ne nous rend pas heureux, est capable de nous dire que nous *avons été* heureux. Sur le moment, nous ne nous en rendions pas compte, mais maintenant que ce bonheur est loin, notre réflexion est capable de le reconnaître. Penser à son bonheur, c'est déjà en être sorti. D'ailleurs, le besoin de réfléchir ne se fait-il pas sentir dès lors que nous avons un problème ?

Non seulement l'opinion commune présente volontiers notre bonheur comme se passant aisément de réflexion, mais en plus elle définit souvent ces moments de bonheur par la cessation même de toute réflexion ! « Se vider la tête », ne plus « se prendre la tête »... La réflexion devient ici ennemie du bonheur, tandis que l'activité intellectuelle est présentée comme une activité qui fait souffrir : un « casse-tête », « se creuser les méninges », « se torturer l'esprit »... Difficile de trouver autant d'expressions populaires pour dire le bonheur de penser. La réflexion n'est plus simplement inutile au bonheur. Elle vient planer au-dessus de lui comme une menace.

Cette réflexion qui menace le bonheur, ou en tout cas le bon moment, peut être tout d'abord une simple réflexion pragmatique. Il en est ainsi de ces vacances un instant gâchées par l'idée de la rentrée qui approche, du plaisir pris à un match de tennis perturbé par le jaillissement dans l'esprit d'un problème non réglé, ou de cette « angoisse du dimanche soir » bien connue : c'est encore le temps du repos, celui du loisir avec les siens mais notre esprit prend de l'avance et déjà nous inquiète. Il y a cette réunion, demain matin, que ma pensée invite au cœur de mon dimanche.

Cette réflexion peut être aussi de nature métaphysique, comme lorsque la pensée de la mort vient troubler le bonheur d'une mère regardant jouer ses enfants, ou la pensée de l'absurde briser notre élan alors que nous étions heureux d'élaborer un projet : « Finalement, à quoi bon ? Et après ? »

Ici encore, il y a dans cette position non réfléchie du sens commun une intuition profondément philosophique. Si la réflexion a ce pouvoir de venir perturber un instant de bonheur, c'est parce qu'elle est anticipation de l'avenir. Le bonheur, lui, et le bon moment plus encore, s'éprouve au présent.

Avant la réflexion au sens propre, c'est la conscience elle-même qui jette l'homme dans le temps, et plus précisément dans l'avenir. L'imbécile heureux a effectivement un don : il vit au présent. Son insouciance vient de là. Le plus souvent, nous n'avons pas cette chance. Aujourd'hui nous sommes bien, entourés de ceux que nous aimons, au bord de la mer, mais demain les vacances seront finies (réflexion pragmatique), et après-demain nous serons tous morts (réflexion métaphysique). C'est par la pensée que nous invitons au présent, au cœur du bon moment, des raisons de nous inquiéter, que nous inscrivons notre bonheur présent dans une temporalité qui le menace.

Parfois, notre réflexion nous « tombe dessus » pour venir gâcher notre présent, d'une façon d'ailleurs aussi imprévisible que les malheurs évoqués précédemment. Les « mauvaises pensées », pragmatiques ou métaphysiques, nous parlons alors de les « chasser », et nous nous acharnons à le faire pour préserver notre « bonheur ». C'est la définition du divertissement : un bonheur poursuivi dans l'évitement des pensées menaçantes. Nous recherchons l'étourdissement, de fête en fête, de peur d'être rattrapés par nos mauvaises pensées, par l'idée de la mort ou par la liste des choses à faire, par le poids de l'avenir ou de notre conscience.

Adam et Eve n'ont jamais été aussi heureux qu'avant de prendre conscience de leur nudité : la conscience les a fait sortir de l'innocence pour entrer dans la honte. Elle les a fait sortir de ce bonheur qui les enveloppait. Elle a fait naître tant de questions, et la « mauvaise conscience », le remords, la culpabilité. Voilà donc notre conscience, et plus encore notre réflexion : une rabat-joie.

D'ailleurs, une des fonctions de la philosophie est justement de menacer notre bonheur présent en anticipant, pour mieux nous y préparer, certains événements douloureux de l'existence. Un professeur de philosophie pourrait tout à fait introduire son cours ainsi : « Aujourd'hui vous ne voyez pas l'utilité d'une réflexion sur la mort, le désir ou la désillusion, mais c'est pourtant maintenant qu'il faut essayer d'y songer, car le jour où vous serez confrontés à la mort d'un proche, à une rupture sentimentale, vous ne serez pas en état de pouvoir y réfléchir ».

La référence à ces diverses « mauvaises pensées » nous dit aussi déjà que nous avons besoin de la réflexion pour reconstruire un bonheur possible.

Mais il faut d'abord savoir pourquoi ces « mauvaises pensées » surgissent, et ce qu'elles signifient. Vouloir les chasser sans prendre le temps de les comprendre est le plus souvent vain, quand cela ne les entretient pas. Si la pensée de la mort, la culpabilité, la mauvaise conscience, ou même simplement des « réflexions logistiques » nous assaillent souvent au point de nous peser, c'est le signe que le temps est venu d'un peu d'introspection, voire d'une véritable analyse. Tout ceci a un sens et il faut y réfléchir, sortir de la superstition où les pensées mauvaises sont à chasser d'un brusque mouvement de la tête, comme si c'étaient des sorts jetés ou ces gouttes d'eau dont les sportifs se débarrassent sans cesser de courir. Le superstitieux croit qu'*en s'arrêtant* sur ces pensées sans les chasser immédiatement, bref en acceptant d'y réfléchir, il les rendra encore plus réelles et en souffrira davantage. Essayer d'y réfléchir, au contraire, est la meilleure façon d'éviter qu'elles reviennent trop souvent nous gâcher la vie, soit directement sous forme de pensées conscientes, soit indirectement sous la forme de l'angoisse.

Dire que la réflexion menace notre bonheur, n'est-ce pas dire simplement que nous avons conscience de notre bonheur ?

La réflexion peut venir intensifier notre bonheur, surtout parce qu'elle nous dit la *valeur* de ce bonheur, la valeur de ce qui est vécu. Reprenons l'exemple d'une mère entourée de ses enfants : évidemment, elle *nage dans le bonheur*. Mais ne sera-t-elle pas plus heureuse encore si elle réfléchit à la valeur de cet amour qu'elle sent en elle, à sa dimension de don, à la façon dont il se démultiplie dans le mouvement même où il se donne, à ce qu'il a d'universel, voire de nécessaire ? Peut-être est-ce justement cette saisie de la valeur de ce qui est vécu qui transforme le simple bon moment en authentique bonheur.

C'est bien l'absence d'une telle appréhension intellectuelle de ce qu'il vit qui limite l'imbécile heureux. Il ne mesure pas son bonheur, et c'est pourquoi son bonheur restera mesuré. L'imbécile heureux ne connaît jamais ni l'exaltation ni la béatitude.

Notre bonheur ne dépend pas d'abord de notre réflexion, mais de notre santé, de nos amours, de nos richesses... répète le sens commun. Nombreux sont pourtant les hommes qui possèdent tout cela, mais ne trouvent pas le bonheur. Ce qu'il leur manque est de l'ordre de la réflexion : ils ne savent pas appréhender la valeur de ce qu'ils ont. Mais qu'ils soient si nombreux n'est pas surprenant. Paradoxalement, c'est bien là le plus dur : pour percevoir combien l'existence est un miracle ou un privilège, pour savoir saisir la chance d'être ce qu'on est et cesser de s'abîmer à essayer de devenir ce que l'on n'est pas, il faut peut-être... une authentique philosophie, et pas simplement une bonne humeur d'imbécile heureux, ni même une simple sagesse populaire.

2. *La réflexion est la condition d'un bonheur authentique.*

Dans un train, un homme rencontre une femme. Il a raté le train précédent, elle a décidé au dernier moment d'annuler son billet d'avion pour prendre le TGV. Ils se plaisent tout de suite, décident sur le quai de dîner tous les deux et passent la nuit ensemble. Le bonheur est un cadeau du hasard qu'il faut savoir recevoir sans « se prendre la tête », assure l'opinion commune. Il est possible de lui objecter que ce qui nous rend heureux n'est pas tant le simple fait de ce « heureux » hasard que notre pensée de ce hasard, notre façon d'en prendre, par la raison, toute la mesure. Si cet homme dans le train est plutôt un « imbécile heureux », il ne se posera aucune question, profitera de la rencontre et de l'instant comme de toute rencontre et de tout instant. Au contraire, s'il est plutôt « penseur », il sera fasciné par l'agencement des circonstances ayant rendu la rencontre possible. En s'interrogeant sur le pourquoi de son train manqué, sur sa conjonction fortuite avec l'effroi soudain de cette femme devant l'idée d'un vol en avion, il mesurera combien cette rencontre *aurait pu ne pas avoir lieu*, et son bonheur en sera multiplié d'autant. C'est en ce sens que ce voyageur peut être qualifié « d'épicurien » : comme Épicure, il développe une certaine pensée ayant le pouvoir de le rendre plus heureux.

En effet, Épicure, loin d'être ce partisan de la jouissance à tous crins qu'un contresens véhicule, nous invitait non seulement à ne désirer que des objets naturels et nécessaires (boire, manger, trouver un toit), mais surtout nous enjoignait à gagner notre bonheur par *une pensée précise du hasard*. Pour Épicure, le cosmos, le monde dans lequel les Grecs croyaient vivre, est le fruit d'une rencontre d'atomes qui doit tout au hasard et rien aux dieux. Ce cosmos aurait tout à fait pu ne pas être, mon existence singulière encore moins. C'est en y réfléchissant que nous pourrons goûter vraiment le bonheur, le privilège inouï d'exister simplement. Plus on réfléchit à cette contingence[3], plus on jouit de soi et de son existence au cœur de ce qui aurait pu ne pas être et de ce temps qui fuit. Cette existence, comme la rencontre dans le train, n'avait aucune raison particulière d'être, et pourtant elle existe. Il y a en effet de quoi se réjouir. Ainsi, même lorsque le bonheur, comme dans ce train, nous tombe dessus, il ne congédie pas notre réflexion pour autant. Au contraire, elle a ce pouvoir de l'intensifier.

Cette méditation sur le hasard confère à l'épicurisme une étonnante actualité. Même si la physique atomiste d'Épicure est évidemment dépassée, la science contemporaine accorde une place centrale à l'idée de hasard, aussi bien dans la naissance de notre Univers que dans la rencontre d'un spermatozoïde et d'un ovule à l'origine de notre vie individuelle. L'épicurisme nous propose une façon de penser cette contingence pour la vivre, non pas dans l'angoisse, mais dans la joie d'exister au présent. « *Carpe diem*[4] », cueille le jour présent, souffle l'épicurien. Il n'y a là nulle invitation à se vautrer dans l'excès de la luxure. Dès lors que nous développons une conscience lucide de la contingence de ce présent, les plaisirs les plus simples (ne manquer de rien, ne pas souffrir) suffiront à nous remplir du bonheur d'exister.

La réflexion, c'est vrai, anticipe toujours l'avenir ou fait revenir le passé. Elle s'oppose donc au présent

---

3. La contingence désigne tout ce qui aurait pu ne pas être. La nécessité désigne tout ce qui ne peut pas ne pas être.
4. Horace, *Odes*, I, XI.

du bonheur. Les sagesses antiques, à l'image de l'épicurisme, nous apprennent néanmoins que la réflexion peut fournir une méthode pour retrouver ce présent. Cette vie heureuse, nous avons à la conquérir au présent en sachant, par des *raisonnements* baptisés « exercices spirituels », nous débarrasser du poids du passé ou de l'avenir[5].

Certains de ces « exercices spirituels » ont ainsi pour fonction d'apaiser notre peur de la mort. Sénèque nous propose d'y penser le plus souvent possible, voire à chaque instant, pour la banaliser. Épicure nous demande de comprendre qu'il n'y a rien à redouter : lorsque nous sommes vivants, la mort n'est pas, et lorsque nous sommes morts, nous ne sentons plus rien[6]. Avec elle disparaît aussi notre propension à souffrir. Pour Arthur Schopenhauer, la mort n'est pas ce saut dans un inconnu effrayant, mais le simple

5. Les stoïciens nous proposent un raisonnement pour nous soulager d'une présence excessive du passé. Dans le passé, je n'ai pas été capable de faire ce que j'aurais dû faire (par exemple, demander en mariage cette fille dont j'étais amoureux, aujourd'hui mariée à un autre). Mais si je suis miné par le regret je ne fais qu'ajouter au premier mal, le manque de courage, un second mal qui est ma tristesse. Je ne peux pas changer le premier mal, mais j'ai le pouvoir d'agir sur le second, et c'est ce pouvoir qui me rendra heureux. Mon bonheur ne viendra pas seulement de la dissipation de ma tristesse, mais aussi de cette joie à éprouver la force de ma volonté. N'étant pas un « imbécile heureux », ma pensée me fait certes d'abord souffrir en maintenant présent à ma conscience un passé douloureux, mais elle est aussi ce qui me permet d'alléger cette souffrance. Bref, elle est dotée de vertus existentielles. Elle nous permet de nous débarrasser des regrets inutiles comme des frayeurs infondées.

6. Épicure, *Lettre à Ménécée*, PUF, 1964, p. 126-127.

retour au néant dans lequel nous étions plongés avant que la naissance ne nous en arrache. Pour être heureux, il ne faut plus chasser l'idée de la mort en s'étourdissant dans le divertissement mais y penser *correctement*, s'en faire une idée adéquate. Le sage a remplacé le fuyard.

« Ce qui dépend de toi, c'est d'accepter ou non ce qui ne dépend pas de toi », écrit le stoïcien Marc Aurèle. La mort ne dépend pas de nous, mais l'idée que nous nous en faisons dépend de nous. Grâce à notre raison et à notre volonté, il nous reste une liberté essentielle : refuser ou accepter. Refuser ce qui ne dépend pas de nous (la mort d'un être cher, la supériorité professionnelle d'un concurrent, l'admiration de notre femme pour un autre homme...), c'est ajouter au premier un second mal : la colère, la haine, la jalousie... L'accepter, c'est lui être supérieur, faire de notre malheur une occasion d'exercer le pouvoir de notre volonté, et donc de bonheur. C'est en réfléchissant que nous trouverons les clefs de notre bonheur.

Ainsi l'embouteillage, dès lors que nous sommes pris dedans, ne dépend-il pas de nous, mais la rage dans laquelle il nous met dépend de nous. Si nous nous raisonnons et comprenons que cet embouteillage s'explique par l'heure à laquelle nous sommes partis, et plus généralement par la civilisation dans laquelle il s'insère, si nous comprenons que nous ne pouvons pas changer cet embouteillage mais que nous avons le pouvoir de changer l'affect qu'il crée en nous, de cesser d'ajouter la colère à la perte de temps et d'en profiter pour écouter, à la radio, une émission nous renseignant sur l'état du monde, alors nous vaincrons notre énervement et éprouverons le pouvoir de notre volonté. Les stoïciens s'aidaient, il est vrai, d'une vision du monde particulière pour pouvoir ainsi accepter ce qu'ils ne pouvaient changer : ils pensaient le cosmos non pas contingent comme Épicure mais régi au contraire par une Nécessité, tout ce que nous y vivons s'expliquant par notre place dans ce cosmos ne laissant rien au hasard.

Au-delà de ces divergences entre sagesses antiques, c'est leur similitude qui nous intéresse. Contrairement à la plupart des systèmes philosophiques modernes, ces écoles de pensée proposent des philosophies qui sont des *modes de vie*[7]. La théorie était directement pensée dans ses effets pratiques, dans sa capacité à nous apporter le bonheur. Être épicurien, c'était autant penser en épicurien que vivre en épicurien, c'était apprendre à ne pas désirer de biens non nécessaires (les honneurs, les richesses...) et se réunir entre amis pour penser ensemble à cette autosuffisance qui nous fait ressembler à des dieux[8]. Les réflexions faisaient alors figure de recettes pour le bonheur. Aux exercices spirituels s'ajoutaient même des exercices physiques.

Le bonheur dépend ici encore du bien-être du corps, mais, justement, pour pouvoir apprécier ce bien-être du corps, en avoir une pleine conscience, il

7. Voir Pierre Hadot, *La Philosophie comme manière de vivre*, Odile Jacob, 2001, introduction idéale, sous forme d'entretiens, à son ouvrage plus dense, *Qu'est-ce que la philosophie antique ?*, Gallimard, 1996 (Folio essais 1999). Voir aussi *Éloge de Socrate*, Allia, 1998.

8. Épicure, *Lettre à Ménécée*, § 135.

nous faut, par la pensée [9], savoir dissiper l'inquiétude qui le trouble, la crainte, les fausses idées sur la mort ou les dieux [10]...

Ce bonheur que la réflexion nous permet d'atteindre porte pour nom, chez les épicuriens comme chez les stoïciens, « ataraxie », soit l'absence de troubles. L'ataraxie n'est pas simplement définie négativement par ces maux qui ne sont plus, mais aussi positivement : cet état de « volupté divine [11] » fait ressembler l'homme à un dieu. Ce qui nous fait souffrir, c'est de manquer de quelque chose que nous désirons. Le bonheur est défini par cette autosuffisance : ne manquer de rien, c'est être rempli de bonheur par cette absence de manque. Le sens commun a bien l'intuition d'un tel bonheur : étendu sur la plage, à côté de ceux que j'aime et de boissons glacées, je ne manque de rien. Mais il oublie que la réflexion et elle seule nous apprend à comprendre que nous ne manquons de rien. Stoïciens comme épicuriens nous proposent une pédagogie du désir. Il faut

---

9. C'est même d'ailleurs la réflexion ensemble, autrement dit ce savoir nous rend heureux parce qu'il est partagé et discuté entre amis. Penser seul est en effet en dernier ressort dangereux : cela comporte un grand risque de ressassement et finalement d'angoisse, notamment à cause de l'idée de la mort qui peut nous prendre quand nous sommes seuls. Alors que penser avec les autres disciples nous offre la vie bonne : c'est pourquoi l'amitié figure avec la philosophie parmi les désirs naturels nécessaires de « l'âme », aux côtés de la faim, de la soif et de l'abri pour le corps.

10. Selon Épicure, ils ne nous veulent pas de mal mais sont indifférents et ont un pouvoir limité.

11. Lucrèce, *De la nature*, L. III, 15-25.

apprendre à ne plus désirer ce qui nous fait souffrir : le pouvoir, l'éternité... Apprendre aussi à résister aux tentations de notre imagination, toujours prête à agiter devant nous le drapeau d'une autre vie, un autre objet du désir, un impossible qui nous fera souffrir. Réfléchir rend le sage heureux parce que sa raison calme son imagination.

Nous, modernes, avons perdu cette complicité, propre aux Anciens, de la pensée et de la vie [12]. Les raisons en sont nombreuses. L'algèbre abstraite a triomphé en mathématiques pour dire la vérité du monde. Le langage technique a triomphé en philosophie, désormais réservée à quelques spécialistes. Difficile de vivre intensément une série d'équations ou une philosophie illisible... La rupture, propre à notre modernité, entre penser et vivre, vient notamment de là.

Nous aurions beaucoup à gagner à retrouver cette dimension existentielle de la pensée, à cesser de

12. C'est parce qu'elle nous permet de trouver notre place dans le monde, ce monde réduit pour les Grecs aux proportions d'un cosmos clos, que la réflexion a ce pouvoir de nous rendre heureux. Il s'agit pour les stoïciens d'accepter sa position au sein d'un Tout nécessaire, et pour les épicuriens de saisir cette chance d'exister au sein d'un Tout contingent. Dans les deux cas, être heureux, c'est trouver sa place dans le monde. Les Anciens nous rappellent tout simplement que nous vivons *dans* le monde, et que notre pensée peut être une façon d'embrasser ce monde. Ce bonheur qui nous remplit, c'est le cosmos tout entier qui nous remplit de sa vérité. Si par ma connaissance de la physique atomiste épicurienne, je comprends que le hasard est la vérité du monde, je vis différemment et trouve dans ma simple existence des raisons d'être heureux.

croire que penser, c'est arrêter de vivre. Souvent, d'ailleurs, c'est parce que nous avons « oublié » de réfléchir au sens de notre vie que nous sommes subitement frappés par une dépression. Nous nous agitions depuis des années, cherchions à gagner notre place dans la société sans plus nous interroger sur notre place dans le monde. Nous ironisions sur cette figure du sage toujours si prompt à se raisonner, sur son immobilité contrastant avec notre désir insatiable, notre besoin d'action. Mais nous voilà « arrêtés », prostrés dans la salle d'attente du médecin, incapables de nous intéresser à l'un de ces magazines à disposition. Ce n'est pas la pensée, désormais, qui nous empêche de vivre, mais son absence prolongée.

Le sage n'est pas simplement cet homme capable de « se raisonner » pour accéder au bonheur. Sa pensée constitue ce bonheur lui-même. C'est ce que Platon nomme « vie contemplative [13] » ou Spinoza « béatitude [14] ». Penser, c'est alors exister au plus haut niveau d'existence possible. Le sage platonicien, ayant délaissé les choses périssables, parvient à contempler les idées éternelles dans le « ciel des idées », le sage spinoziste à voir en toute chose, dans une plante qui croît comme dans un sentiment humain, l'expression de ce Tout, de ce Dieu-Nature. La réflexion ne leur permet pas simplement d'apprécier la chance de leur existence singulière ou

13. Platon, notamment dans *Le Banquet*, Les Belles Lettres, p. 69.
14. Spinoza, *L'Éthique*, Folio essais, p. 349-388, définie p. 387.

d'accepter ce qu'ils ne peuvent changer, mais de participer à ce qui les dépasse : la vérité, l'éternité, le Tout, Dieu. C'est la dimension océanique de la connaissance[15]. Ces figures du sage ont-elles encore quelque chose à nous dire ?

Si le sage spinoziste touchant à la béatitude intellectuelle nous semble un modèle difficilement atteignable dans les embouteillages ou dans nos réunions de travail, il nous dit aussi que lorsque nous connaissons bien les choses, bref lorsque nous nous en faisons une idée adéquate, nous sommes prémunis contre la désillusion et donc en souffrons moins. Si nous comprenons que notre amour pour quelqu'un signifie *nécessairement* notre dépendance à son égard, parce que nous avons besoin pour être heureux de la présence d'un autre que nous, alors nous comprenons aussi qu'un tel amour ne peut aller sans une part de souffrance, d'attachement ou même de jalousie. La souffrance que nous ressentirons en certaines occasions pourra être atténuée, voire gommée, par la compréhension de sa dimension « logique » ou inéluctable. À l'inverse, si nous persévérons dans une idée inadéquate de l'amour – un amour, par exemple, vécu dans le détachement absolu, la « liberté » et l'absence d'engagement, sur le modèle de ces « couples libres » apparus dans le sillage de 1968 – nous souffrirons inévitablement, irons de désillusion en désillusion, à chaque fois que nous sentirons en nous la

15. L'expression est de Bernard Clerté, professeur au lycée d'État Foyer des lycéennes, étudiantes en classes préparatoires aux grandes écoles.

morsure pourtant normale de la jalousie, ou simplement du manque, de l'*attachement*. Réfléchir correctement à la nature des choses est encore la meilleure façon de n'en pas souffrir.

Ces figures de sage nous disent aussi qu'il y a une joie à développer ses facultés intellectuelles. « Qu'est-ce que le bonheur ? demande ainsi Friedrich Nietzsche[16], le sentiment que la puissance croît ». Réfléchir de mieux en mieux, comprendre des choses inédites, se faire une idée adéquate de l'amour et mieux vivre, grâce à elle, sa relation à l'autre, c'est bien sentir sa puissance croître.

C'est toutefois en reprenant l'exemple de l'embouteillage que nous pouvons observer les limites de ce modèle du sage.

Être un sage spinoziste dans les embouteillages, atteindre la béatitude, ce serait se faire une idée adéquate de l'embouteillage pour n'en pas souffrir, l'accepter ! Ce serait comprendre que cet embouteillage s'insère dans l'ordre rationnel du monde, bref qu'il est nécessaire, « logique et inéluctable ». Nous voyons tout ce qui nous sépare de ces sagesses antiques nous enjoignant à accepter ou à comprendre ce qui est. Nous Modernes, devant cet embouteillage, pensons avant tout que nous pouvons l'éviter, ou que nous aurions pu l'éviter, en prenant un autre itinéraire, le métro, ou en votant pour une autre politique de la

16. Friedrich Nietzsche, *L'Antéchrist*. Pour découvrir Nietzsche, un ouvrage clé : *Vie et Vérité*, PUF, un recueil de textes tirés de toutes les œuvres de Nietzsche et classés par thèmes.

ville. Nous ne pensons surtout pas qu'il est nécessaire, qu'il s'insère dans un ordre à la rationalité supérieure. Nous pensons même qu'il est absurde, qu'une telle accumulation de freinages et de voitures créées pour accroître notre vitesse de déplacement confine à l'insensé, au pathétique, au comique, mais en aucun cas au logique ou à l'inéluctable. Notre réflexion ne nous met pas en relation avec le sens mais avec l'insensé, ne nous donne à contempler ni le ciel des idées platonicien ni l'ordre stoïcien, mais le n'importe quoi de l'ici-bas et du désordre contemporain. La réflexion visait pour les stoïciens l'acceptation de ce qui est. Nous ne voulons surtout pas accepter cet embouteillage, et *plus nous y réfléchissons*, plus nous voulons l'éviter, créer une cité débarrassée de ce fléau. Voilà pourquoi nous hurlons et invectivons ses autres victimes. Parce que *ce n'est pas normal*, encore moins rationnel, parce qu'il n'y a aucune raison d'accepter cela. Surgissent alors les limites de la sagesse stoïcienne : ne pas ajouter au premier mal, l'embouteillage, un second mal, notre colère... Soit. Sauf si la colère nous aide à réagir et à changer les choses.

Nous, modernes, cherchons notre bonheur dans la transformation du monde et non dans son acceptation. Nous ne voulons ni ne pouvons contempler l'embouteillage sous l'angle de l'éternité. Il n'y a aucune raison de prendre tout ce qui est pour un destin. Nous voulons, en termes stoïciens, changer même « ce qui ne dépend pas de nous ».

La raison profonde en est que nous n'avons plus la même vision du monde : nous sommes passés « du monde clos à l'univers infini [17] ». Le bonheur, pour les Grecs, pouvait être de trouver par la pensée sa place dans le monde puisque ce monde était un « monde clos », un cosmos fini, achevé, cohérent. Mais la science moderne a démontré que ce « monde clos » était en fait un « univers infini ». Nous ne savons ni où il commence ni où il s'arrête. Il semble qu'il soit en extension constante et nous ne savons même pas pourquoi... Difficile d'y trouver sa place, de trouver son bonheur dans la compréhension du monde quand sa vérité nous échappe [18]... Il y a là plutôt une occasion de désarroi, une différence de taille entre l'époque d'Épicure et la nôtre.

Lorsque Épicure développait l'idée que nous aurions pu ne pas être, il y voyait une occasion de se réjouir et nous proposait un « art d'être heureux par gros temps [19] ». Mais le « gros temps » de l'époque d'Épicure n'était pas le même que le nôtre. L'histoire tragique du XXe siècle nous permet d'entendre résonner d'une façon autrement plus angoissante cette

---

17. Alexandre Koyré, *Du monde clos à l'univers infini*, Tel Gallimard, 1993, historien lumineux de la philosophie.

18. Une telle sagesse n'est tout simplement plus possible. Aujourd'hui, les lois astronomiques qui régissent l'infiniment grand ne sont pas les mêmes que celles qui régissent l'infiniment petit. Elles ne sont même plus vraiment universelles : la loi de la chute des corps n'est valable qu'à notre échelle, pas à celle de l'Univers infini. Impossible donc d'accéder au *point de vue du Tout* par la connaissance rationnelle des lois de la nature car ces lois ne nous parlent pas d'un seul monde, d'un Tout, mais de plusieurs mondes aux logiques différentes.

19. Jean Salem, *Le Bonheur ou l'Art d'être heureux par gros temps*, Bordas, 2006.

idée que *nous aurions pu ne pas être*. L'existence du nazisme et de la mise en place de la « solution finale » dit à tout Juif qu'il aurait pu ne pas être, la connaissance de certaines crises de la guerre froide, et du degré d'armement atomique alors atteint, dit à tout homme qu'il aurait pu ne pas être. Bref, nous aurions pu ne pas exister, non en raison du Hasard, mais des crimes commis par des hommes sur d'autres hommes. Il n'y a plus aucune raison de se réjouir. Notre époque est la première à se définir par le fait que l'humanité a le pouvoir de s'anéantir elle-même. Nous devenons de moins en moins capables d'imaginer simplement les conséquences de ce que nous produisons par la technique[20]. Nous sommes la première génération à avoir à lutter contre la fin du monde : voilà ce que notre réflexion peut nous dire sur notre « rapport au monde ». Nous ne pouvons plus nous réjouir simplement d'exister quand cette existence même, productrice de déchets toxiques et de gaz détruisant la couche d'ozone, épuisant les ressources de la Terre, menace celle de nos enfants. L'heure n'est plus vraiment à la contemplation du monde. Il est urgent de le changer, si nous voulons laisser à nos enfants quelque chose à contempler.

Seul « l'imbécile heureux » peut alors rester heureux : il ne comprend pas que ce monde est menacé de finir. Le « penseur », lui, dès lors qu'il réfléchit à cette menace que porte en elle la technique, ne peut

20. Voir Günther Anders, *La Menace nucléaire, Considérations sur l'âge atomique*, Le Serpent à plumes, 2006.

trouver le bonheur si par bonheur on entend, comme les Anciens[21], l'acceptation sereine de ce qui est.

3. Au-delà de la réflexion, c'est l'action qui peut nous rendre heureux.

C'est l'action qui nous rend heureux, pas d'abord la réflexion. La réponse peut sembler enfantine mais sa simplicité cache un enjeu majeur, un « chiasme » : une inversion historique des valeurs. Réfléchir, chez les Anciens, pouvait nous rendre heureux, parce que l'action humaine était dévalorisée au regard de cette activité supérieure qu'est la vie contemplative. L'action était même souvent conçue comme une *vaine agitation* parce que la Vérité était pensée comme Immobilité. Parménide évoquait l'Un immobile, Platon ce « ciel des idées » *fixe* au-dessus de notre

21. Il faut d'ailleurs rappeler que ces « sagesses » fleurissent toujours dans les périodes de crise historique ou politique. Ainsi des stoïciens en Grèce, alors que la démocratie était malade (IVe siècle av. J.-C.), des épicuriens dans la Rome antique à l'époque du déclin de l'empire romain, la doctrine d'Épicure étant véhiculée dans le monde roman grâce au « De la nature » de Lucrèce... L'épicurisme était moins à la mode pendant les « Trente Glorieuses »... Ces « sagesses » retrouvent une actualité aujourd'hui que nous avons perdu foi en la politique, aujourd'hui que nous doutons de notre monde dévoré par l'économique, aujourd'hui que ceux qui ont un emploi connaissent des « dépressions post-achat » et les autres le chômage de longue durée. Tout homme qui croit en la politique ou en l'Histoire devrait être horrifié par la perspective de ce *retrait* hors de l'agitation du monde. Ce retour aux sagesses dites antiques est un symptôme de notre perte de repères.

monde mouvant... Le bonheur du sage venait de ce qu'il touchait, par la pensée, cette Vérité immobile.

Nous ne voyons plus la vérité ainsi. Nous la concevons désormais comme Mouvement. Le Dieu du judéo-christianisme a créé le monde : il a dû « se bouger » un peu. Difficile de dévaloriser l'action dans une civilisation issue d'une religion où le monde est l'*œuvre* de Dieu[22]. L'astronomie moderne n'a mis en évidence aucun ciel des idées immobile mais un univers infini en *expansion* rapide. Agir, pour nous, ce n'est donc plus s'agiter : c'est œuvrer. Notre approche de la réflexion s'en trouve changée. Réfléchir, c'est s'inscrire dans le mouvement, préparer l'action, en mesurer l'effet.

Une telle revalorisation de l'action implique une autre conception du bonheur. En nous invitant à transformer le monde, l'action nous fait éprouver des affects qui s'opposent terme à terme à ceux des sages Anciens. Nous ne nous contentons pas de ce qui est mais aspirons à *plus que ce qui est*. Nous ne nous suffisons pas à nous-mêmes mais ressentons un manque qui nous jette vers les autres et le monde. Bref, notre bonheur ne se joue plus dans la coïncidence avec soi mais dans le dépassement de soi. L'autosuffisance constituait le bonheur des Anciens. Nous poursuivons le nôtre au son d'un seul cri : *ce n'est pas suffisant !* Notre bonheur n'est pas de jouir du bonheur mais de le poursuivre toujours.

---

22. Nous pensons aussi souvent la Vérité comme advenant dans l'histoire de l'humanité, dans le progrès des civilisations.

Dans cette quête, la réflexion est d'abord ce qui nous permet de prendre conscience de ce manque, c'est-à-dire aussi de ce désir. Elle nous rend donc malheureux, ou en tout cas insatisfaits, en nous permettant de comprendre les limites de ce que nous sommes ou de ce que nous vivons. C'est par elle que nous plaçons si haut le bonheur escompté, et donc souffrons de ne pas l'atteindre.

Mais c'est en même temps un grand bonheur, en un sens redéfini : poursuivre un but, un idéal, avoir des raisons d'espérer, d'imaginer, d'œuvrer. Si nous cessons de réduire la réflexion à une série d'exercices spirituels visant à se rassurer sur son sort, elle nous apparaîtra comme la condition de ce bonheur redéfini : non plus être ce que nous sommes mais aspirer à être ce que nous ne sommes pas encore. La réflexion devient l'instrument privilégié de cette représentation de ce que je n'ai pas encore, ou de ce que je ne suis pas encore, et c'est cette représentation qui me jette dans l'action. Le bonheur, pour les Anciens, c'était d'être dans le bain. Pour nous, c'est de se jeter à l'eau.

Il y a là un renversement historique décisif : dans notre monde ouvert à l'infini des possibles, comme à la possibilité de l'insensé, dans ce monde dont nous ne connaissons pas l'origine mais dont nous savons qu'il peut finir, la réflexion seule ne peut nous rendre heureux car elle soumet à notre pensée trop d'idées angoissantes. L'action dispose, dans une situation d'angoisse, de vertus apaisantes. Il suffit de voir un proche saisi par une crise d'angoisse pour le comprendre : « se raisonner », la belle affaire... C'est en trouvant par l'action ma place effective dans le monde des hommes que je serai heureux, pas en essayant de ressembler aux dieux.

Qu'est-ce qui va rendre heureux l'artiste ? Non pas contempler, immobile, la promesse de son talent, ni réfléchir aux théories artistiques sans jamais passer à l'acte, mais bien créer des œuvres, les exposer, gagner la reconnaissance des autres hommes.

Qu'est-ce qui va rendre heureux l'amoureux ? Non pas réfléchir à sa passion ou simplement l'idéaliser comme tant d'adolescents en souffrance, mais bien vivre cet amour, agir en amoureux, faire l'amour avec l'être aimé, l'épouser, avoir des enfants avec lui et obtenir des autres la reconnaissance de la valeur de cet amour[23].

Le bonheur semble exiger de nous, Modernes, que nous trouvions notre place dans la société plus que dans le cosmos. L'Universel n'est plus dans le ciel immobile mais au fond de moi, de cette singularité que je dois réussir à objectiver dans le monde, à imposer comme ayant une valeur universelle.

La réflexion peut être alors préparation à l'action. C'est notre réflexion qui met en forme les termes du choix et envisage les conséquences. C'est par elle que

23. Ce désir d'obtenir la reconnaissance des autres est exactement ce contre quoi les stoïciens voulaient nous mettre en garde : rechercher les bonnes opinions des autres à notre égard, c'était nécessairement souffrir de « ce qui ne dépend pas de nous ». Mais c'est encore une fois parce qu'ils pensaient vivre dans un monde achevé qu'ils pouvaient se passer de l'approbation des autres. Vivre dans la Vérité était amplement suffisant ! Nous n'avons pas cette chance.

nous prenons la mesure de notre pouvoir et de notre responsabilité. L'existence aujourd'hui de ces « comités de sages » ou « comités d'éthique » montre bien ce changement dans le statut du sage, la réconciliation de la sagesse avec l'action. Ces « sages » ne se réunissent pas pour contempler les idées éternelles mais pour donner à la société des directions d'action, des cadres dans lesquels utiliser, concrètement, et de la façon la plus digne possible, les techniques les plus récentes, du clonage thérapeutique à la procréation médicalement assistée.

Elle peut être aussi conscience objective de l'action accomplie, retour sur cette action, pesée de son sens et de sa portée, notamment au travers de cette reconnaissance qu'elle nous procure. Elle est alors, ici comme avant, joie inquiète plus que bonheur serein parce qu'il subsistera toujours un doute, nous n'aurons jamais assez de reconnaissance.

La réflexion nous crie au cœur de cette action que le bonheur n'est pas ce que l'on croyait. Être bien, ne manquer de rien... Le bonheur ne peut se réduire à cela, contrairement à ce que croyaient les sages d'hier ou les plagistes d'aujourd'hui. C'est aussi la dimension laborieuse, malheureuse, qui nous plaît dans la réflexion. C'est en son cœur que nous nous développons, progressons, nous sentons plus vivants sans être pour autant plus « heureux ». Cette action est ainsi l'occasion de redéfinir le bonheur, en nous proposant *des buts concurrents du bonheur* : la dignité, la morale, la lucidité, la grandeur, l'élégance, l'inquiétude, l'honneur...

Agir moralement, c'est redéfinir le bonheur authentique comme vertu. Prendre des risques dans l'existence, c'est redéfinir le bonheur comme dépassement de soi. Parfois, on aspire moins au bonheur qu'à être digne du bonheur[24]. Le résistant qui entre dans la clandestinité ne peut être ni un « imbécile heureux » ni un sage : il s'engage justement parce qu'il est devenu incapable de se réjouir de ce qui est. Peut-être ses convictions politiques le forcent-elles à s'engager, et à abandonner ce qui lui semblait être le bonheur : une vie tranquille, avec les siens, dans l'acceptation harmonieuse du monde. Mais peut-être aussi aura-t-il la bonne surprise de *comprendre*, au cœur de l'action, qu'il s'était trompé sur la nature du bonheur.

La réflexion ne nous rend pas heureux mais, complice de notre action, nous pousse toujours à réinventer le bonheur.

La réflexion ne nous apporte pas le bonheur mais nous rend plus vivants, capable de plus de bonheurs comme de plus de malheurs. L'imbécile heureux dispose d'un éventail plus restreint de façons d'être au monde ; sa bêtise rétrécit sa vie.

Parce que nous réfléchissons, nous sommes capables d'un bonheur inquiet, d'un bonheur partagé, d'un bonheur menacé, nous pouvons comprendre le

---

24. Voir Kant, *Critique de la raison pratique*, Folio, 1989, p. 153.

bonheur comme dignité, comme dépassement de soi, comme lucidité...

Parce que nous réfléchissons, nous gagnons aussi une plus grande diversité de malheurs possibles : le malheur angoissé, le malheur honteux, la mauvaise conscience et même le malheur gai, le malheur lucide...

C'est cet agrandissement de nos possibilités de vie, et donc aussi de nos affects, de nos émotions, que la réflexion nous a offert peu à peu, en nous arrachant à l'animalité.

Y perdons-nous alors le bonheur comme plénitude, comme satisfaction durable, comme acceptation sereine du monde – y perdons-nous alors *le bonheur* ? Probablement.

MARDI

Faut-il respecter les lois ?

« Telle est la loi ! Telle est la loi ! »,

(reprenaient en chœur, du fond de leurs cages, les animaux dressés par le savant en blouse blanche[25].)

C'est parce que le mal existe que les lois sont nécessaires. La référence à la bonté naturelle des hommes est d'ailleurs l'argument le plus sérieux des anarchistes qui défendent l'absence totale de lois. Mais si nous pensons que le mal est une réalité humaine, qu'il existera toujours des individus menaçant la vie des autres ou l'équilibre de la société, alors il faut des lois pour dire les règles communes, et ce qu'encourent ceux qui les violent. Et il faut un pouvoir pour imposer ces sanctions.

S'il faut des lois, c'est aussi, et peut-être surtout, parce que la vengeance est la réaction naturelle de l'homme au mal qui lui est fait.

---

25. *L'Île du docteur Moreau*, film de Don Taylor (1977), adapté du roman de H.G. Wells (1896).

Dans le monde d'avant les lois, parfois nommé « état de nature », les hommes s'affrontaient sans relâche pour imposer leur « loi » : la « loi » du plus fort. Mais le plus fort n'était jamais assuré de rester le plus fort, jamais à l'abri de la vengeance d'un « faible » ; il avait peur lui aussi. Une vengeance en appelait une autre, sans aucun souci de proportion, sans espoir d'apaisement.

Les lois ont vocation à mettre un terme au cycle inépuisable de la vengeance[26] : elles prévoient la sanction que *la société* réserve au criminel. Le respect des lois serait donc la preuve de la civilisation de nos pulsions, d'un arrachement à cette logique de la vengeance qui est notre triste privilège – a-t-on jamais vu, en effet, un animal se venger ? Il faudrait alors, pour ne pas revenir à cette violence primitive, respecter les lois.

Pourtant, nombreux furent en Allemagne les nazis, ou en France les collaborateurs, qui invoquèrent le respect des lois pour justifier leurs actes. Ils n'ont fait « qu'obéir aux lois » : telle fut souvent, à l'heure de leurs procès, leur seule défense. Si le respect des lois peut être le moyen de s'arracher à la violence primitive, il peut donc être aussi le prétexte d'une collaboration à la barbarie moderne.

De la même façon, la désobéissance aux lois peut

26. De ce point de vue, la « loi du talion » de la Bible (« Œil pour œil, dent pour dent ») annonce déjà l'esprit même du droit moderne, non pas le principe de la vengeance comme on l'entend souvent, mais au contraire sa fin, avec l'idée d'une *proportionnalité* crime/sanction/réparation.

exprimer parfois un comportement citoyen. En 1968, Martin Luther King a été emprisonné pour avoir manifesté contre des lois racistes. Depuis, les rebelles d'Amérique ou d'ailleurs se réclament souvent de lui pour justifier une désobéissance aux lois qui, parfois, n'exprime rien d'autre que leur incivisme. Probablement n'ont-ils pas lu sa *Lettre de la geôle de Birmingham* : « Je ne recommande en aucune façon d'enfreindre ou de défier la loi [...]. Cela conduirait à l'anarchie. Celui qui viole une loi injuste doit agir ouvertement, avec amour [...] et accepter volontairement le châtiment qu'il encourt. Je soutiens que quiconque enfreint une loi parce que sa conscience la tient pour injuste, puis accepte volontairement une peine de prison afin de soulever la conscience sociale contre cette injustice, affiche en réalité un respect supérieur pour le droit[27] ».

Toute l'ambiguïté est là.

D'un côté, l'obéissance aux lois peut nous rendre complices de crime contre l'humanité.

De l'autre, la désobéissance peut révéler un amour supérieur du droit, et donc de la société.

Faut-il alors respecter les lois ? Suffirait-il, pour répondre, de distinguer les bonnes lois de celles que nous devons combattre ?

Lorsque nous estimons que la loi de Vichy enjoignant les Juifs à porter l'étoile jaune est une loi mauvaise, c'est au nom de la morale que nous la refusons. Mais la morale peut-elle vraiment nous dire ce qu'est

27. Cité par Joseph Health et Andrew Potter, dans *Révolte consommée*, Éditions Naïve, 2006.

une « bonne loi » ? La loi imposant de raccompagner à la frontière des clandestins vivant en France depuis des années et n'ayant pas d'attache dans leur pays d'origine est-elle une « bonne loi » ? Qu'est-ce même qu'une « bonne loi » ? Celle qui, en Californie, condamne l'auteur d'un crime de sang à la peine de mort ou celle qui, en France, le condamne à une peine de seize ans, rendant possible son rachat mais aussi sa récidive ? Ces exemples le montrent déjà : la morale peut nous souffler parfois qu'une loi est mauvaise, mais elle est impuissante à dire qu'une loi est bonne. Parfois aussi, elle semble congédiée, balayée par l'obéissance aux lois. Les Allemands respectaient les excellentes lois humanistes de la République de Weimar et ont respecté tout autant les lois nazies qui les ont remplacées. Pourquoi ?

Il n'y a pas que les lois qui sont bonnes ou mauvaises. C'est aussi *notre façon* de les respecter ou de les refuser qui importe au plus haut point. Peut-être ces Allemands avaient-ils une mauvaise façon d'obéir aux lois de Weimar, ce qui expliquerait qu'ils n'aient pas su, ensuite, désobéir... Si, donc, c'est une question de manière, ou d'attitude, la question devient alors : *comment* devons-nous respecter les lois ? Automatiquement, en « bon citoyen » qui applique les lois démocratiques de son pays ? Mais alors, qu'est-ce qui nous distinguera de ces Allemands qui ont obéi, dans un même « réflexe citoyen », aux lois de Weimar puis à celles du nazisme ?

1. Appliquer automatiquement les lois nous préserve de la violence naturelle.

Cette question du respect des lois, la grande majorité des hommes ne se la pose pas. Il faut bien avouer que notre obéissance aux lois, chaque jour, lorsque nous nous arrêtons au feu rouge, lorsque nous respectons les lois de notre pays, n'est pas le fruit d'une réflexion, mais un automatisme, une habitude. Tout se passe *comme si* nous n'avions pas le choix, ou autre chose à faire : un rendez-vous à ne pas manquer, un salaire à gagner... Nous vivons en démocratie, nos représentants ont débattu des lois, pourquoi donc cette question ? D'ailleurs, la poser simplement, c'est déjà déranger, être regardé comme un adolescent puéril, ou un de ces philosophes aux questionnements si vains. La réponse, positive, coule de source. Elle fuse, aussi automatique que notre obéissance quotidienne aux lois.

Un tel empressement à obéir[28] aux lois éveille évidemment le soupçon. Cette obéissance n'est-elle pas la marque d'une servilité plus que d'une citoyenneté ? N'est-elle pas grégaire plus que *civilisée* ? Considérons une file d'attente. Nous y prenons notre place, en arrivant, respectant sans réfléchir cette règle commune. Chacun aurait intérêt à passer devant les autres, mais si chacun essayait de le faire, le désordre

---

28. « Obéir aux lois », « appliquer les lois », semblent ici plus adéquats que « respecter les lois », le terme de « respect » portant l'idée d'une authentique réflexion, voire d'une volonté ou d'une signification morale – ici absentes.

ralentirait tout le monde. La règle commune avantage ainsi l'ensemble de ceux qui s'y tiennent. Difficile de parler de servilité, de bêtise grégaire, quand un tel respect de la règle, en conduisant à un avantage mutuel, traduit une forme d'intelligence sociale. Notons d'ailleurs que cette règle, pour permettre cet avantage mutuel, n'a pas besoin d'être parfaitement légitime, « bonne » ou morale. L'ordre d'arrivée déterminant l'ordre d'attente est un principe discutable : pourquoi pas l'âge, la maladie, l'emploi du temps ? Peu importe la règle, pourvu qu'elle soit appliquée...

Prenons, pour le comprendre, un exemple plus radical. Deux malfaiteurs, qui ont commis un meurtre, se font interpeller dans une voiture volée. La police, convaincue qu'ils sont les auteurs du meurtre, mais sans preuve, prend chaque malfaiteur à part en lui proposant le pacte suivant : « Si tu dénonces ton acolyte pour le meurtre, tu n'auras pas dix ans de prison pour meurtre mais seulement un pour vol de voiture ». Si les malfaiteurs ne se sont pas préalablement entendus sur une règle, ils risquent de témoigner tous les deux contre l'autre (dix ans de prison chacun), ou de se taire tout en étant dénoncé par l'autre (dix ans pour l'un, un an pour l'autre). Mais s'ils se sont auparavant mis d'accord sur une règle commune, la « loi du silence » par exemple, ils vont se taire et y gagner tous les deux (un an de prison chacun simplement)[29]. C'est ici flagrant : il faut appliquer les lois, non parce

29. Ce dilemme est connu en économie sous l'appellation de « dilemme du prisonnier », ou dilemme de Tucker.

que c'est bien moralement, mais parce que c'est mieux pour tout le monde (ou en tout cas pour tous ceux qui s'y tiennent) !

Ce qui vaut pour une simple règle vaut aussi pour les lois juridiques. Le droit, donc, n'est pas la morale.

Les hommes, le plus souvent, ne réfléchissent pas à ce qui est bien lorsqu'ils respectent les lois, mais ils font quand même ce qui est le mieux pour eux... Pourquoi ? D'où leur vient une telle sagesse sociale ?

Les premiers États ne sont pas apparus suite à des poussées subites de fraternité en leur sein. Certains propriétaires se sont entendus pour sortir d'une vie hantée par la peur du vol et de la mort. La liberté naturelle des uns entrait tellement en conflit avec celle des autres que personne n'en profitait. L'*insécurité* rendait la liberté insupportable. D'où la nécessité de s'en remettre à une autorité supérieure, l'État, chargé d'assurer la sécurité de tous, en faisant respecter des règles communes. Thomas Hobbes a voulu montrer pourquoi les hommes ont passé ce premier contrat. « Le Léviathan [30] » désigne cet homme à qui tous les autres remettent leur liberté, et leurs armes, en échange de la sécurité. C'est ce pacte originel, la liberté naturelle contre la sécurité sociale, qui institue l'état social [31]. À la peur permanente de *tous* les

30. Monstre marin emprunté au Livre de Job de la Bible.

31. On découvre, dans l'édition de 1651, une illustration du Léviathan : son corps imposant, au sommet duquel trône une face couronnée, encadrée de longs cheveux, est composé d'une multitude de corps individuels. Le corps politique – l'État – est ainsi constitué par l'association des individus, par leur *décision* de s'associer.

hommes, ils préfèrent la peur d'un seul homme, mais tout-puissant. Comme le Léviathan dispose du « monopole de la violence légale », les autres violences deviennent hors-la-loi. Il faut respecter les lois[32] parce que c'est la condition de notre vie débarrassée de la peur. Il faut les respecter, ou en tout cas les appliquer, pour pouvoir se consacrer à autre chose qu'à lutter pour survivre. En gagnant la sécurité, le droit de vivre hors la violence, nous gagnons la propriété, mais aussi, écrit Thomas Hobbes, la possibilité des sciences et de l'industrie, et même « toutes les douceurs de la vie ».

Nous prenons notre place dans la file d'attente, mais ainsi nous pouvons penser à autre chose qu'à

---

32. Ici réduites aux décrets du Léviathan, éventuellement arbitraires. C'est pourquoi Hobbes a été accusé d'avoir justifié l'absolutisme. Ce soupçon est par ailleurs fondé... Lorsque Hobbes élabore *Le Léviathan*, la soumission absolue des populations aux autorités politico-religieuses était acquise depuis des siècles dans la plupart des pays d'Europe. La peur de l'insécurité, la volonté de vivre en paix constituaient sans aucun doute l'essentiel des motifs de la servitude politique « volontaire ». Pourquoi alors Hobbes, au XVIIe siècle, en Angleterre, se donne-t-il avec ce livre pour objectif de justifier rationnellement la soumission absolue des sujets à l'égard de leur souverain ? Peut-être parce que la révolution anglaise débute dès le premier tiers du XVIIe, et que le conflit des dynasties européennes pour l'appropriation de la couronne, les turbulences politico-religieuses liées à l'implantation du protestantisme et le développement de l'économie marchande constituent le ferment de la guerre civile qui devait aboutir, à la fin de ce siècle, à la monarchie parlementaire. À partir de là, on peut soupçonner Hobbes de vouloir, à travers la référence à un « état de nature » animé par une guerre individuelle sans merci, refouler la dimension historique de la crise politique, religieuse et sociale anglaise, et

cette guerre à mort pour être le plus fort. Cette sagesse sociale viendrait donc d'un engagement initial : notre *réflexe* d'obéissance serait la répétition d'une *réflexion* initiale. Et il faudrait respecter les lois parce qu'on s'y est engagé, pour tenir cette parole par laquelle nous avons décidé de mettre un terme à la violence.

Mais les choses sont un peu plus compliquées, car nous n'avons jamais *donné notre parole*. Le *Léviathan* de Thomas Hobbes est une fiction. Un tel engagement, historiquement, n'a jamais eu lieu. Les hommes ne se sont pas réunis au coin d'un feu pour décider de sortir de l'« état de nature ». Que nous dit alors cette fiction ? Que nous n'avons pas besoin d'avoir « signé » ce contrat pour être engagés par lui. Qu'à partir du moment où nous vivons dans un état social pacifié, nous sommes, *de fait*, engagés. Puisque nous profitons de la sécurité physique (police), de la Sécurité sociale (assurance-maladie), nous devons respecter les lois. Chacun de nous peut en faire l'expérience : quand nous sommes-nous *engagés* à respecter les lois ? Jamais. Cet engagement nous a-t-il été demandé le jour de notre majorité ? Non. Mais nous les appliquons comme si nous en avions pris l'engagement. C'est dire combien est automatique notre respect des lois.

Cette « sagesse sociale » ne vient donc pas d'un engagement initial, mais plutôt de la perception immédiate d'une contrepartie. Je sauve ma peau, donc

---

chercher à justifier définitivement le pouvoir absolu des souverains sur la société civile.

je paie mes impôts. Je perds ma liberté, mais je préfère la sécurité. J'accepte les contrôles d'identité alors que je suis pressé, l'ouverture du coffre de ma voiture et le faisceau d'une lampe torche sur ma vie privée, mais j'exige en retour de l'État la sécurité. Voilà d'ailleurs pourquoi, dans un climat d'insécurité réelle ou simplement ressentie, le respect des lois et de l'État est menacé. Si l'État n'assure pas ma sécurité, il y a rupture de contrat et je reprends ma liberté[33]. Le principe du respect des lois n'est donc pas moral, mais intéressé.

D'ailleurs, je respecte aussi la loi parce que je souhaite qu'autrui en fasse autant. Il n'y a qu'à s'arrêter devant certaines portes de toilettes publiques pour comprendre qu'il n'est pas demandé aux hommes de devenir moraux pour vivre en société : *« Veuillez laisser cet endroit aussi propre que vous désirez le trouver en entrant »*. Traduisons : ne laissez pas les toilettes propres par pur respect d'autrui mais pour les retrouver propres vous-même, ou plus exactement parce que c'est votre avantage mutuel. Cette phrase, en apparence anodine, révèle une logique profonde du fonctionnement social humain, d'ailleurs déjà lisible dans l'Évangile : « Tout ce que tu réclames que les autres te fassent, fais-le-leur ». Si on avait voulu fonder les sociétés sur des rapports moraux entre individus, il aurait été écrit : « Tout ce qui te semble bon *pour autrui*, fais-le-lui ». Mais l'efficacité n'aurait

33. Dans ce cas-là, la désobéissance aux lois est selon Hobbes un droit et même un devoir. Le Léviathan aussi doit assurer ce pourquoi il a été institué.

pas été la même... Inutile de demander aux individus de respecter les lois pour des raisons morales : le bon sens et l'intérêt bien compris sont des raisons amplement suffisantes. Et notre intérêt bien compris, c'est d'abord de ne pas retourner à la violence primitive. La loi n'est pas le Bien, mais elle est « mieux » que la nature. Nous appliquons peut-être les lois sans réfléchir, mais cela, au moins, nous le *savons*.

Voila pourquoi l'adolescent rebelle ou le philosophe sceptique sont accueillis avec méfiance, voire agressivité, quand ils posent simplement la *question* du respect des lois. De quel droit osent-ils prendre le risque de menacer le confort de tous ?

Ce que Thomas Hobbes nomme « pacte d'association » masque en fait une réaction de survie : c'est un réflexe déguisé en réflexion[34]. Ce qui est « automatique » chez l'homme, c'est bien de vouloir sauver sa peau – de préférer la paix à la justice. « Mieux vaut une injustice qu'un désordre », écrivait Johann Wolfgang von Goethe. Parce que le désordre renferme la possibilité de notre mort à tous[35], tandis qu'une injustice ne menace que sa victime.

---

34. C'est donc ici la notion de choix qui est mise en doute : est-ce vraiment un « choix » que de simplement ne pas choisir la mort ? Nous comprenons mieux cette impression que les hommes donnent, devant des lois pourtant imparfaites, de n'avoir pas le choix... L'automatisme de leur obéissance surprend moins maintenant que nous sentons battre en lui l'instinct de survie et la peur de la mort. Notre obéissance aux lois se nomme volontiers liberté politique, ou se rêve enfantée par un « contrat social », mais elle n'est peut-être qu'une ruse de notre instinct de survie. Ce serait alors dans le plus naturel de nos instincts que notre « sagesse sociale » plongerait ses racines.

35. Dans ce cas, d'ailleurs, « respecter » les lois peut

« Mieux vaut une injustice qu'un désordre » : c'est aussi, mais pour d'autres raisons, le dernier enseignement de la vie de Socrate. Condamné à mort par les juges athéniens, notamment pour trouble à l'ordre public et « corruption » de la jeunesse, Socrate se trouve la nuit d'avant sa mort devant la possibilité de s'évader. Il refuse cet exil. Ma condamnation est injuste mais il faut la respecter, assène-t-il à ses disciples incrédules. Socrate sait qu'en refusant la loi il donnerait un exemple dangereux à tous les Athéniens – il veut préserver leur obéissance aux lois –, et qu'il donnerait raison aux juges qui l'ont condamné[36]. Toute sa vie, il a été protégé par les lois de la cité, et c'est l'application d'une de ces lois qui maintenant le condamne. Il mourra. Que signifie le choix de Socrate ? Qu'une loi peut être imparfaite, ou son application injuste, mais que notre désobéissance peut être pire encore. Si chacun désobéissait à la loi à la moindre de ses imperfections, il n'y aurait pas de société possible. Nos actions, dans une société, ne regardent pas que nous. Ce n'est pas sous le regard de Dieu que nos actes sont jetés, mais sous les yeux des autres hommes – désobéir, c'est donner envie de désobéir.

Socrate l'avait compris : respecter une loi qui ne nous arrange pas peut être une façon d'exprimer notre

résonner différemment : il y aurait de la crainte dans ce respect, nous serions « tenus en respect » par ces lois, et par cette menace d'un retour à la violence.

36. S'il est capable de ne pas respecter la décision publique, c'est qu'en effet il a été capable de troubler l'ordre public. S'il peut « corrompre » la loi, c'est aussi qu'il a pu corrompre la jeunesse.

désir de vivre ensemble. En démocratie, nous devons respecter, même si nous la désapprouvons, une loi votée par la majorité. Comme Socrate, nous sommes alors en désaccord avec une loi mais l'appliquons quand même. Parce que ce désaccord ne menace pas notre accord sur l'essentiel : nous *voulons* vivre ensemble. Cet engagement que nous n'avons jamais pris solennellement, peut-être le prenons-nous finalement chaque fois que, « bons citoyens », nous respectons les lois. Il faudrait respecter les lois, non plus simplement pour sauver sa peau, mais pour réaffirmer chaque fois, dans un *réflexe citoyen*, notre désir de vivre ensemble.

Une telle attitude comporte toutefois de grands dangers. Si nous respectons les lois uniquement pour exprimer notre désir citoyen, notre attention à la loi elle-même risque de s'en trouver amoindrie. La certitude d'agir en « bon citoyen » pourrait même nous rendre aveugles au contenu inadmissible d'une loi.

Si vraiment désobéir à une loi injuste revient, comme veut le montrer Socrate, à menacer l'existence même des lois, alors nous ne désobéirons jamais et finirons par obéir à des lois inhumaines. Il y eut probablement en France, quand furent promulguées les premières lois antijuives de Vichy, des hommes qui appliquèrent ces lois non par antisémitisme, ni par peur de la sanction, mais parce qu'il leur était simplement impossible d'envisager une désobéissance[37].

---

37. Peut-être même y eut-il quelques hommes déchirés, condamnant moralement ces lois, mais les appliquant au nom du respect de l'État.

Le « réflexe citoyen » est encore un réflexe, c'est-à-dire une menace sur la réflexion. Notre jugement est comme un muscle, il demande à être entretenu. Or, l'obéissance automatique aux lois met en suspens le jugement. Rares furent ceux qui s'opposèrent, dans la France de Vichy, aux premières lois antijuives. L'organisation, en 1942, de la rafle du Vél d'Hiv nécessita l'obéissance de 4 500 fonctionnaires. Les hommes alors n'étaient pas tous de vrais salauds. Beaucoup, en revanche, étaient de vrais *légalistes* : ils appliquaient les lois automatiquement, sans se poser de question.

2. *L'application automatique des lois comporte les pires dangers.*

Le respect des lois répond à l'intérêt ou à l'habitude, à l'instinct de survie ou au réflexe citoyen – pas à l'impératif moral. Cela semble acquis. Pourtant, le jour où une loi inhumaine apparaît sur la scène de l'Histoire, c'est bien en hommes moraux qu'il nous faut nous dresser. Bref, il nous est demandé d'obéir aux lois pour des raisons non morales mais de savoir leur désobéir, le jour où il le faut, en retrouvant subitement notre sens moral. Le problème, c'est que notre obéissance automatique aux lois risque d'anesthésier un tel sens moral.

Au début, la loi est perçue pour ce qu'elle est vraiment : une *contrainte par corps*. Stationnement interdit, date limite du paiement de l'impôt, interdiction de la vengeance personnelle... Ce sont autant de mouvements spontanés que les lois nous refusent[38]. Mais l'habitude aidant, cette contrainte n'est plus ressentie comme telle. Elle devient indolore, *comme* naturelle, et nous finissons par obéir aux lois aujourd'hui pour la seule raison que nous leur obéissions hier. L'habitude est chez l'animal humain une seconde nature. « On s'habitue à tout », dit le sens commun, qui s'habitue surtout à obéir. Obéir est souvent plus facile que désobéir. Obéir nous épargne l'hésitation, la décision que réclamerait la désobéissance. Hésitation, délibération, décision : autant de termes signant justement le registre du *dilemme moral*. L'obéissance aux lois qui se fait par habitude a pour première conséquence de gêner un rapport moral au monde et aux autres. Une relation morale au monde implique en effet une déchirure entre mon égoïsme naturel et mon aspiration au bien, ou au moins une réflexion sur ce qui est bien – autant de dimensions absentes d'un comportement automatique.

Mais plus généralement, une telle obéissance automatique aux lois est symptomatique du péril qui guette nos existences modernes : un émoussement de notre réactivité, de notre jugement, de notre volonté – bref, écrit Friedrich Nietzsche, de toutes nos qualités *individuelles*. Au point que nous ne soyons plus capables de nous opposer à une loi inhumaine, non pas ici parce que nous ne savons plus reconnaître

38. En Grèce ou en Irlande, aujourd'hui, où l'avortement est illégal, une femme doit garder un enfant qu'elle n'a pas voulu, l'enfant d'un viol par exemple. « Contrainte par corps », donc.

le mal[39], mais parce que nous avons perdu l'habitude de nous élever, en tant qu'individu, contre la loi du groupe. Le confort de nos existences socialisées, notre *légalisme*, nous avertissait déjà Friedrich Nietzsche, risquent de faire de nous des hommes *dénaturés* : à l'état de nature, la menace permanente de la mort nous imposait au moins une vigilance de chaque instant, un état d'alerte de toutes nos facultés. D'ailleurs, c'est peut-être cet état que le *hors-la-loi* retrouve lorsqu'il est en cavale, et qui le rend si fascinant.

La loi est une règle *commune* et nous sommes uniques. Notre singularité est par définition niée par une telle obéissance à une loi générale. L'âge légal de la majorité, en France, est de dix-huit ans. Mais certains sont mûrs à quinze ans quand d'autres ne le sont jamais. L'empressement des hommes à respecter ces règles communes traduit pour Friedrich Nietzsche une peur du singulier, de tout ce qui est unique. C'est le triomphe du « plus petit dénominateur commun » sur lequel les lois, faites pour organiser la vie ensemble, se règlent nécessairement, interdisant l'expression d'une singularité supérieure. Les lois sont faites pour permettre au troupeau de vivre comme un troupeau. Chaque jour, en appliquant ces lois qui sont les mêmes pour tous, nous oublions que nous sommes uniques. Difficile alors, le jour où il le faudrait, de se dresser, seul, contre une loi inique.

Le droit est né selon Friedrich Nietzsche de la

39. Nietzsche, l'auteur de *Par-delà le Bien et le Mal*, ne développe évidemment pas un tel point de vue moral...

victoire des faibles sur les forts. Comment ont-ils donc fait ? Ils étaient simplement plus nombreux, ceux qui *n'en pouvaient plus,* ne supportaient plus la vérité des rapports de force. C'est parce qu'ils ne supportaient plus la « loi » de la nature, la « loi » même de la vie, qu'ils ont inventé les lois de la société et les supportent si bien. Mais cette lutte entre les faibles et les forts peut aussi s'entendre comme un combat, *en* l'homme, entre la faiblesse et la force. Un jour l'homme prit peur et il créa le droit ; il s'en remit à la loi pour ne plus avoir à imposer la sienne[40].

Le « contrat social » évoqué par Thomas Hobbes est avant tout un *pacte sécuritaire*, et vient lui aussi de cette peur à laquelle il est censé mettre fin. Mais si vraiment c'est la peur qui a fait de nous des êtres sociaux, si notre obéissance aux lois se justifie par notre préférence pour la sécurité au détriment de la liberté, si donc nous respectons les lois uniquement parce que c'est la condition de notre *tranquillité,* alors rien ne nous obligera à désobéir à une loi inhumaine mais qui ne nous viserait pas personnellement, et ne mettrait pas en danger l'ordre public. Pourquoi en serait-il autrement si la seule chose qui justifie notre respect des lois est le souci d'« avoir la paix » ?

---

40. Il avait tellement peur qu'il créa même le devoir de respecter les lois. Tous les devoirs – religieux, moraux, citoyens..., assène Nietzsche, ont justement été inventés par les faibles : comme une façon habile (la ruse des faibles) de prendre le pouvoir sur les forts. Il va de soi que cette invention du devoir de respecter les lois est contemporaine d'une autre invention impliquant elle aussi des devoirs : Dieu.

Comment ce qui vient de la peur favoriserait-il le courage ?

Nous saisissons mieux comment certains individus, oubliant qu'ils sont des individus au cœur même de leur obéissance aux lois, ont pu être instrumentalisés par les totalitarismes. À partir du moment où un régime autoritaire veut perpétuer des crimes à grande échelle, il a besoin de l'obéissance automatique aux lois. C'est une question d'efficacité politique : « Le plus fort n'est jamais assez fort [...] s'il ne transforme sa force en droit », écrivait Rousseau [41]. Non seulement la force ne suffit pas, mais les hommes obéissent si docilement aux lois... pourquoi les tyrans s'en priveraient-ils ?

Il ne faut pas respecter les lois, trop générales, mais la puissance de sa volonté singulière, avait écrit Friedrich Nietzsche cinquante ans avant le nazisme [42]. Cet individualisme, certes outrancier, aurait au moins prémuni les hommes d'une collaboration au projet politique du nazisme, que leur respect des lois signa au contraire. Le « succès » des totalitarismes au XXe siècle ne s'explique pas seulement par l'existence dans la nature humaine de pulsions mauvaises, agressives ou racistes, ni par l'irruption dans l'Histoire d'un mal tombé du ciel, mais aussi par ce légalisme

---

41. Jean-Jacques Rousseau, *Du contrat social*, Livre I, ch. III.

42. Lui qui méprisait plus que tout un certain esprit allemand, légaliste et nationaliste, et ne pouvait concevoir de valeur qu'individuelle. Voilà en tout cas qui clarifie la question de Nietzsche précurseur du nazisme.

dénoncé par Nietzsche. L'obéissance automatique aux lois était censée nous protéger du mal, d'une vie de violence et de peur. Elle a fait de nous les collaborateurs du pire : la barbarie industrielle d'État. L'Allemagne, une certaine France aussi, ressemblent alors à ces femmes violées qui, parce que l'avortement était illégal, ont gardé l'enfant de leur viol et leur en ont voulu toute leur vie. Parce qu'elles s'en voulaient à elles-mêmes de n'avoir pas trouvé le courage de désobéir à la loi. La loi est parfois mauvaise, elle est toujours trop générale : deux bonnes raisons de s'en méfier. Tout ce qui est général[43] est une menace pour l'individu, nous avait averti Friedrich Nietzsche : tout « général » peut devenir un tyran. Reste à savoir pourquoi les hommes s'y soumettent si facilement.

S'il est plus facile d'obéir – à la loi, mais aussi au tyran, à l'habitude, à Dieu... –, c'est peut-être parce que cette obéissance automatique est une occasion dont les hommes s'emparent pour se soulager du poids écrasant de leur liberté absolue. Cette idée, sartrienne, d'une liberté *absolue* peut surprendre si nous considérons les différents « déterminismes » pesant

---

43. Les lois juridiques ici, mais cette critique des catégories trop générales porte aussi sur les concepts philosophiques (un concept de liberté pour une infinité de formes ou d'impressions de liberté...), les lois scientifiques (universelles et nécessaires, qui en conséquence caricaturent la richesse du réel) ou même les mots du langage courant (un seul mot, « table » par exemple, alors que les tables sont toutes différentes, d'où la nécessité d'un langage non rationnel mais poétique, aphoristique ou métaphorique). Il s'agit donc d'une critique de la loi mais aussi de la philosophie, de la science et du langage !

sur nous. Mais justement, répondait-il, invoquer ces « déterminismes » pour justifier l'impossibilité d'une action relève de la lâcheté, de la « mauvaise foi ». Le déterminisme social ? Une simple *situation* de départ. Le déterminisme de nos besoins naturels ? Il ne pèse d'aucun poids devant le choix d'un suicide ou d'une grève de la faim. Notre liberté peut donc être dite absolue, et les hommes qui prétextent ces « déterminismes » pour ne pas l'assumer qualifiés de *salauds*[44]. L'obéissance automatique aux lois devient pour eux une bonne occasion de mauvaise foi, une chance à saisir pour échapper à leur responsabilité d'hommes libres, céder à la passion de la servitude.

Mais il y a pire, peut-être : une forme de *jouissance*. Ainsi s'expliqueraient aussi les totalitarismes au XXe siècle. La peur de la sanction ne suffit pas à expliquer l'ampleur de la soumission des uns[45], et elle n'explique pas *du tout* l'adhésion des autres. Peut-être aussi *jouissaient-ils* de n'avoir plus à porter le fardeau de leur liberté – de cette jouissance qui n'est pas le plaisir, mais une satisfaction beaucoup plus insidieuse, compatible d'ailleurs avec une certaine souffrance, ou mauvaise conscience.

C'est peut-être une telle jouissance, plus encore qu'un simple instinct de survie ou qu'un réflexe citoyen, qui explique l'obéissance automatique aux

44. Sartre, *L'Existentialisme est un humanisme*, Nagel.

45. D'autant que différentes études ont montré que l'Allemagne nazi était un État policier relativement « doux » : les hommes qui désobéissaient aux lois nazies n'étaient pas fusillés ni emprisonnés, tout au plus perdaient-ils leur travail.

lois. La liberté humaine est un fardeau : elle nous rend responsables de nos choix, et cela nous angoisse. L'obéissance automatique aux lois permet de s'alléger de ce fardeau à peu de frais, en se donnant de surcroît de grands airs « citoyens ». L'exemple du conducteur de train, non antisémite, mais continuant à mener les déportés vers les camps de la mort, mérite que nous nous y arrêtions. Pourquoi ne désobéit-il pas ? Pour conserver son travail ? Par une sorte de respect aveugle pour l'autorité de laquelle émanent les lois, ou les ordres ? Parce que l'obéissance automatique lui a ôté toute conscience morale ? Peut-être. Mais peut-être aussi parce qu'il en retire une *jouissance* qu'il ne veut pas s'avouer. Non pas du plaisir – sa situation est évidemment désagréable – mais une satisfaction indirecte, plus difficilement perceptible : soulagé du fardeau de sa liberté, se persuadant qu'il n'a pas le choix, il se laisse porter par les lois auxquelles il obéit avec le même automatisme que lorsqu'il conduit son train. Il se dit que ce n'est pas sa faute, qu'il n'y peut rien, et puis il ne se dit plus rien.

L'obéissance automatique aux lois devient alors le masque d'une déresponsabilisation de l'homme. « C'est pas moi, c'est la loi ! » : telle sera en substance la réponse des fonctionnaires nazis à ceux qui leur demanderont des comptes. Plus généralement, les hommes justifient leur obéissance automatique aux lois en invoquant soit une nécessité, soit une obligation morale, soit enfin la légitimité des lois. Nous avons là trois figures exemplaires de cette *mauvaise foi* dénoncée par Jean-Paul Sartre :

La menace de la sanction, ou d'un retour du chaos primitif, ne nous laisserait aucun choix ? Faux. Le fait que la désobéissance à la loi soit prévue par la loi signifie tout simplement qu'elle est possible[46]. Nous pourrions même penser que les lois, en prévoyant le cas de ma désobéissance, « provoquent » ma liberté.

Obéir aux lois serait une obligation morale ? Faux, encore une fois. Le propre de l'obligation morale, c'est qu'elle vient *de l'intérieur* de l'individu. Lorsque j'estime que je dois respecter autrui, je n'y suis pas forcé de l'extérieur, par un parent ou par la police.

Enfin, les lois ne sont pas absolues, mais relatives, déterminées dans le temps et l'espace. Des systèmes juridiques respectant tous les droits de l'homme jugent le même crime, passionnel par exemple, d'une façon très différente. Lequel de ces jugements est *légitime*[47] ?

---

46. C'est la différence essentielle entre les lois juridiques et les lois universelles de la nature. Les lois universelles de la nature, démontrées par la science, ne nous laissent, elles, pas le choix. Je suis obligé d'obéir à la loi de la chute des corps, je lui obéis automatiquement. Je suis alors soumis à la nécessité. Mais les lois juridiques de mon pays me laissent le choix.

47. Les différentes sources de légitimité des lois sont toutes séduisantes mais montrent vite leurs limites :

Le passé, la tradition ? Ils peuvent parfois légitimer la légalité, mais toujours provisoirement, jusqu'au jour où, comme en 1789, le passé se retrouve devant le tribunal du présent.

L'avenir, le sens de l'Histoire ? Les pires crimes ont été commis, légalement, au nom de cette légitimité historique prétendument supérieure. Les lois du IIIe Reich furent « légitimées » par référence à « l'homme nouveau ». « L'Histoire jugera », répondirent aussi certains communistes témoins des grands

Les lois ne sont que *légales*... Et ni la nécessité ni la morale ne nous obligent à les respecter. La propension des hommes à *s'inventer* une absence de choix est une source intarissable d'étonnement. Il faut croire qu'ils y tiennent, à leur *jouissance*, ou à leur bonne conscience, et que notre question la menace. D'où leur agacement, voire leur agressivité : c'est le poids, de nouveau, de la liberté sur leurs épaules, la morsure du doute...

Peut-être l'explication est-elle enfin en son fond religieuse. Notre civilisation est l'enfant du premier monothéisme[48], la religion juive. Or, il s'agit de la religion de la Loi. Depuis que Dieu a dicté à Moïse les tables de la loi, c'est dans le respect de ces commandements divins que réside une vie vraiment humaine. C'est de là aussi que vient la résonance lointaine du mot *loi* dans l'inconscient occidental. Les

---

procès de Moscou, lorsque les juges staliniens condamnèrent à la mort ou au goulag de simples opposants politiques.

La référence à de grands principes universels comme la nature humaine, la raison, la liberté ? La conformité des lois à un de ces principes, ou aux droits de l'homme, ne suffit pas à les légitimer.

Le « contenu substantiel » des lois (les *valeurs* présentes au cœur des systèmes juridiques) ? Certaines lois, comme le code civil napoléonien, matérialiseraient le résultat du combat historique pour la liberté, d'autres, comme le *Patriot Act* aux États-Unis en menaceraient les acquis. Certaines seraient égalitaires, d'autres inégalitaires comme celles qui, en Inde, perpétuent les castes... Mais ce qui semble légitime ici ne l'est pas là-bas. Il y a entre les valeurs une guerre et non une hiérarchie objective.

48. Elle est plus précisément l'enfant de la religion judéo-chrétienne et de la culture grecque.

hommes respecteraient les lois juridiques comme on respecte la loi de Dieu. Habitués à croire en Dieu, ils se comporteraient face aux lois encore comme des croyants. D'où leur absence de sens critique, et leur obéissance automatique.

Mais si les lois ne sont jamais absolument légitimes, un tel rapport aux lois n'a plus de sens. Et notre obéissance frise l'absurde : pourquoi, si les lois ne sont pas *justes*, substituer à l'injustice naturelle une injustice artificielle ?

La tentation surgit alors de rejeter les lois. Pour certains anarchistes, l'harmonie sociale résulterait d'un ajustement naturel, de l'absence pure et simple de lois. C'est aussi ce que préconisent, dans la sphère économique, les ultra-libéraux : l'absence de réglementation permettrait au marché d'atteindre son optimum « naturel ». Mais dans les deux cas, l'idéal de l'égalité est abandonné au profit d'une réalité qui n'est autre que la « loi » du plus fort, et donc la violence. Les lois sont peut-être imparfaites, mais nous n'avons rien trouvé de mieux pour limiter la violence. Nous ne pouvons donc pas les refuser, mais nous ne pouvons pas non plus les appliquer automatiquement. Nous sommes donc contraints, non de leur obéir simplement, mais de nous demander toujours s'il faut ou non les respecter. C'est plus fatigant. Il faut trouver le temps, l'espace aussi pour une telle question, mais c'est la condition d'un rapport vraiment humain aux lois.

3. *Il faut obéir aux lois en se méfiant autant des lois que de notre obéissance.*

Lorsque la démocratie est née, elle n'était pas représentative mais directe. Les citoyens athéniens, assemblés sur l'agora, votaient à main levée. C'était pendant le débat préalable au vote qu'ils se posaient la question du bien commun. La démocratie était une pratique *quotidienne*, et la délibération se faisait avec les autres. Mais la taille et la complexité de nos nations modernes rendent difficile cette démocratie directe. Nos démocraties sont désormais représentatives. Notre rapport quotidien à la loi n'est donc plus de l'élaborer, mais d'y être confronté : nous ne nous demandons plus si la loi est respectable avant de la voter, reste donc à se demander si elle est respectable avant de l'appliquer. Nous ne délibérons plus quotidiennement avec les autres, essayons au moins de délibérer avec nous-mêmes. Et si la dimension *quotidienne* de cette délibération est à ce point décisive, c'est que la lutte contre notre égoïsme naturel demande au moins une telle pratique. C'est pour donner sa chance au citoyen en nous. Je peux par exemple déclarer une rémunération dans un geste automatique, ou par peur de la sanction. Dans ce cas, je ne me représente à aucun instant l'intérêt général, et je ne fais aucun *effort* pour faire primer en moi le citoyen sur l'individu. Mais si, raisonnant, je décide de la déclarer en considérant, ce qui ne m'est pas naturel, la nécessité de la redistribution pour l'intérêt général, alors c'est le citoyen qui, en moi, triomphe de l'individu. Dans les faits, c'est pareil. Pourtant, dans le premier cas, je reste le même, et dans le second, je change : je deviens citoyen. De plus, c'est en nous *représentant* ainsi la situation du point de vue de l'intérêt général que nous allons peu à peu nous percevoir comme les habitants d'un monde commun, et que vont être instaurés entre nous des liens de solidarité, voire de fraternité[49].

Appliquer automatiquement les lois ne tisse en revanche entre les individus aucun lien de ce type, une des motivations de cette obéissance étant justement le confort ou la tranquillité *personnels*. L'obéissance automatique aux lois ne change pas un homme : elle le prend égoïste et le laisse égoïste. Ce n'est pas parce que nous n'avons pas le choix qu'il faut respecter les lois. C'est parce que nous faisons le choix de devenir meilleurs qu'il faut *se poser la question* de leur respectabilité. Être citoyen, c'est penser les lois non simplement comme des contraintes nous évitant de nous entretuer, mais comme un moyen de devenir meilleurs, plus citoyens, et même plus *humains*[50]. C'est *respecter* les lois et non simplement les appliquer, les respecter finalement comme on respecte

49. Sans de tels liens, aurions-nous vraiment envie de désobéir à des lois menaçantes pour d'autres que nous ?

50. On le voit : la pensée politique repose toujours sur des présupposés anthropologiques. Ici, nous pensons que l'homme est perfectible et que son rapport aux lois peut être une occasion de réaliser une dimension meilleure de sa nature. Pour Thomas Hobbes, l'homme n'est qu'un animal intelligent et égoïste qui utilise son intelligence au service de son égoïsme. Il n'a en lui aucune disposition à devenir autre chose que cela. Seule sa raison le distingue des bêtes. L'homme, écrit au contraire Jean-Jacques Rousseau, se distingue des bêtes par sa *perfectibilité*.

autrui : par une démarche active et réfléchie, qui donc n'est pas la simple tolérance, et dont nous pouvons revenir changés. Appliquer automatiquement les lois, ce n'était pas les respecter mais simplement les tolérer. Évacuer la question en appliquant automatiquement les lois ne fera pas de nous un citoyen. Se la poser toujours, ou au moins essayer, y contribuera au contraire. Il y a des réflexions citoyennes, il y a des efforts citoyens. Il n'y a pas de « réflexe citoyen ».

Il y a nécessairement, dans nos démocraties modernes, une dimension d'obéissance automatique incompatible avec cette délibération qui, seule, pourtant, pourrait nous rendre meilleurs. Non seulement nous n'avons pas débattu les lois ensemble, mais la délibération personnelle est à la fois impossible concrètement et dangereuse socialement[51]. Nous semblons condamnés à cette obéissance automatique qui assure peut-être l'ordre social mais nous menace en tant qu'individus.

Comment, alors, concilier cette application automatique des lois avec la lucidité nécessaire pour savoir quand désobéir ?

Nous pouvons penser que cette obéissance automatique aux lois crée les conditions d'un monde pacifié, et offre déjà un cadre pour une réflexion future. Les

51. En effet, même si nous pouvions et voulions examiner ainsi les lois, un tel examen critique serait peut-être bon pour l'individu... mais pas pour la société. Le respect de l'ordre social serait fragilisé par cette multiplication de regards subjectifs sur l'intérêt général. Paradoxalement, l'individu deviendrait vraiment « citoyen »... mais en mettant en danger la société.

hommes appliquent peut-être les lois parce qu'ils y sont contraints, ou par un réflexe inculqué, mais cela ne les empêche pas d'y réfléchir *ensuite*, de trouver peut-être alors de meilleures raisons de les respecter. Ces feux rouges si nombreux peuvent ici tenir lieu de métaphores : certes, ils nous obligent à un arrêt réflexe, mais ils nous donnent aussi le temps d'y réfléchir... L'obéissance automatique aux lois ne serait qu'une première étape. Cette idée renvoie d'ailleurs à une vérité historique : les premiers États sont apparus « sous la contrainte », parce que l'insécurité naturelle était insupportable, mais cela ne les a pas empêchés de devenir les cadres modernes de la liberté politique, et donc les garants de nos droits les plus essentiels. Les premiers États étaient autoritaires et s'imposaient aux hommes, ils sont maintenant démocratiques et protègent leurs libertés. Voilà une belle idée : ce à quoi nous sommes forcés pourrait devenir l'occasion de notre liberté. Ainsi se comprendrait le caractère *obligatoire* du vote dans certains pays d'Europe du Nord.

Nous pouvons ensuite, justement parce que notre application des lois est le plus souvent automatique, vivre plus radicalement les occasions démocratiques de réfléchir vraiment (élections, référendums). Exprimer le choix d'une alternance traduirait par exemple un refus de continuer à appliquer automatiquement les lois en vigueur. Participer le plus intensément à ces occasions démocratiques serait une façon de mieux vivre le reste du temps la dimension automatique de notre obéissance. Pourquoi, alors, ne pas envisager que chaque élection majeure soit précédée d'un jour chômé, pour signifier clairement, par ce geste symbolique, que ce temps-là est exceptionnellement dévolu non au réflexe citoyen mais à la réflexion politique, non à la vie économique mais à la vie politique ?

Mais l'essentiel de notre vie de citoyen se joue bien sûr entre les élections. Puisque nous semblons devoir nous résoudre à cette obéissance automatique aux lois, il faut alors que nous l'acceptions, mais avec la pleine conscience du danger qu'elle représente. Une obéissance automatique qui se sait automatique ne l'est déjà plus vraiment ; elle est comme menacée par cette conscience qu'elle a d'elle-même. Nous devons appliquer les lois tout en nous méfiant et des lois et de notre obéissance. Parce que les lois que nous appliquons sont imparfaites comme tout ce qui touche au monde des hommes, parce que notre obéissance elle aussi est imparfaite. Bref, devant la loi, mon corps peut s'incliner quand mon esprit résiste, et c'est cette posture qu'il nous faut entretenir. Mon corps peut même s'incliner automatiquement, et mon esprit préserver sa certitude qu'un tel automatisme est dangereux. Dans un climat de lutte antiterroriste, nous pouvons respecter des lois nouvelles menaçant nos libertés individuelles (fichiers d'empreintes digitales, ouvertures de coffres et de sacs), tout en sachant qu'elles ne sont pas *bonnes*. Cette obéissance peut même s'accompagner d'une réflexion sur le terrorisme, sur ses causes profondes et les moyens de les traiter, qui ne peuvent se réduire à une simple répression des terroristes. Ainsi pouvons-nous appliquer une loi imparfaite sans être dupes, *en n'en pensant pas moins*, en préférant cela à la menace du chaos que nous appellerions de nos vœux par une désobéissance effective. « Pensez autant que vous le voulez, aussi librement que vous le souhaitez, mais obéissez », écrivait Emmanuel Kant[52].

Mais là où Emmanuel Kant visait une obéissance absolue aux lois[53], nous poursuivons un autre but : maintenir en nous une intranquillité salutaire, une tension grâce à laquelle notre automatisme sera comme gêné, douloureux presque, en tout cas pas confortable, et de ce fait moins dangereux, n'endormant pas notre vigilance.

Cette « tension » est cruciale, car c'est grâce à cette vigilance préservée que nous saurons désobéir à des lois qui ne sont pas simplement imparfaites, mais proprement inhumaines. Si mon esprit résiste tandis que mon corps s'incline, il n'adhère donc pas à la loi comme si c'était le Bien, Dieu ou l'Histoire en marche. Les lois nazies ou staliniennes se voulaient *bonnes*, faisant avancer l'Histoire dans le bon sens, comme l'obéissance d'ailleurs, qui faisait marcher l'homme dans le bon sens, au pas et en criant. Mais si nous appliquons les lois en sachant qu'elles ne sont jamais vraiment bonnes, nous gardons une distance critique grâce à laquelle notre esprit pourra donner à

52. Kant, *Qu'est-ce que les Lumières ?,* Folio.

53. Kant en effet réagit contre une vieille devise : « Ne pensez pas, obéissez », qui bien sûr avait pour effet d'engendrer la rébellion car elle imposait une situation insupportable. À l'inverse, la liberté de penser en rendant cette situation plus acceptable pourrait bien se retrouver caution de la servitude sociale...

notre corps la force de s'élever, de refuser une loi imposant ce qu'aucun homme ne devrait supporter, le port de l'étoile jaune, la délation...

« C'est au nom de toutes les existences que l'esclave se dresse » : ainsi Albert Camus décrit-il la révolte de Spartacus[54]. Ce qu'il n'accepte pas, personne ne devrait l'accepter. Dans ce cas en effet, « on a raison de se révolter », car on se révolte au nom du *on*.

Mais nous ne pouvons en rester là. Car n'importe quelle loi pourrait alors se voir opposer une vision morale subjective. Ce sursaut moral est une condition nécessaire, mais pas suffisante, pour justifier une désobéissance aux lois. Il faut que la réaction morale se double d'un projet politique alternatif. C'est ce que firent les résistants : ils n'ont pas désobéi à la loi *simplement* par conscience morale isolée mais aussi avec l'espoir collectif, politique donc, de fonder un « être ensemble » meilleur. Lorsqu'une loi est inhumaine, il faut désobéir mais en organisant politiquement sa désobéissance : c'est alors au nom de l'« être ensemble » que nous menaçons l'« être ensemble », et la désobéissance peut être dite *civile*. Je ne désobéis pas parce je place ma liberté individuelle au-dessus de tout, je ne désobéis pas parce que je ne veux pas de la vie ensemble, mais au nom de la vie ensemble telle qu'elle devrait être. Je ne *désobéis* à la loi actuelle que par *respect* pour ce qu'elle devrait être. Ces femmes autoproclamées « les 343 salopes[55] » sont entrées dans l'illégalité en avortant, et c'est suite à

---

54. Camus, *L'Homme révolté*, Folio.
55. En 1971, *Le Nouvel Observateur* publie le manifeste de

leur action que l'avortement est devenu légal. Comme celle de Martin Luther King, leur désobéissance au droit a donc créé du droit. Parce qu'elle était, morale, certes, selon elles, mais aussi politiquement organisée.

Quand devons-nous désobéir aux lois ? Lorsque notre conscience morale nous inspire un projet politique – lorsque notre *non* moral se double d'un *oui* politique. Alors il ne menacera pas la politique mais la nourrira, et peut-être la sauvera. Voilà probablement pourquoi Jean Moulin a eu raison de désobéir, et Socrate raison de ne pas se révolter. Jean Moulin vivait dans un monde injuste, il avait une organisation politique à créer, il y avait un monde à changer. Socrate vivait dans la première démocratie, ses contemporains jouissaient d'une vie peut-être meilleure que la nôtre. Désobéir aurait été irresponsable, il aurait menacé la démocratie naissante, mais pour la remplacer par quoi ?

L'obéissance aux lois n'est pas un impératif moral, mais simplement politique. La désobéissance, elle, doit être morale *et* politique.

« Il faudrait des dieux pour donner des lois aux hommes », écrivait Jean-Jacques Rousseau [56]...

---

343 Françaises déclarant « Je me suis fait avorter ». Les signataires, qui revendiquent l'appellation de « 343 salopes », comptent dans leurs rangs Marguerite Duras, Jeanne Moreau ou Simone de Beauvoir.

56. Jean-Jacques Rousseau, *Du contrat social*, Livre I, ch. VII, GF-Flammarion.

La question de notre rapport aux lois est hantée par le souvenir de ceux qui firent le mal au nom de la loi. La meilleure façon d'éviter le pire, c'est d'abord de comprendre que la loi n'est pas *bonne* en soi.

Nous devons obéir à des lois imparfaites : c'est paradoxalement la condition de notre perfectionnement.

Nous devons désobéir à des lois inhumaines : c'est à cette condition que nous ne régresserons pas.

Obéir à des lois imparfaites, désobéir à des lois inhumaines : il s'agit de bien juger... Ce n'est pas facile, mais c'est notre condition.

Nous ne sommes, en effet, ni des bêtes ni des dieux, mais des hommes confrontés à ce paradoxe : il nous faut à la fois juger des lois et les appliquer automatiquement.

Comment préserver, malgré tout, la possibilité d'un tel jugement ? En nous méfiant autant des lois que de notre obéissance. Seule une telle méfiance, pour ne pas dire un déplaisir, préservera au cœur de notre obéissance politique la possibilité d'un authentique sursaut moral. Bref, il faut appliquer les lois mais sans aimer cela !

Ni les bêtes ni les dieux ne connaissent notre inquiétude. Il faut appliquer les lois parce que nous ne sommes pas des bêtes. Il faut s'en méfier parce que nous ne sommes pas des dieux.

MERCREDI

Pourquoi la beauté nous fascine-t-elle ?

« La mort et la beauté sont deux choses profondes
Qui contiennent tant d'ombre et d'azur qu'on dirait
Deux sœurs également terribles et fécondes
Ayant la même énigme et le même secret. »

Victor Hugo[57]

Dans le tableau de David, Marat vient d'être assassiné. Son torse pâle, étendu dans sa baignoire, est taché d'un peu de rouge sang. Sur le visage du révolutionnaire parti à la renverse, la paix maintenant l'emporte sur la souffrance. Dans cette salle du Louvre, un homme se tient debout, immobile, face au tableau de David – captivé, comme capturé. Que désire-t-il, à cet instant précis ? Accomplir un

57. Victor Hugo, *Poésies 3*, Seuil, 1972, poème XXXIV, « *Ave, dea ; moriturus te salutat* », p. 567.

meurtre ? Mourir lui aussi pour des idées ? Briller en société en évoquant le *Marat assassiné* de David ? Non, il ne veut qu'une chose : continuer à regarder ces formes et ces couleurs.

Dire « c'est beau », c'est déjà être comblé. C'est d'ailleurs ainsi que l'on peut définir le plaisir esthétique : la contemplation d'une œuvre d'art, d'un paysage, d'un corps ou d'un visage nous remplit. Nous ne demandons rien en échange.

Peut-être cet homme a-t-il rendez-vous avec une femme restée en arrêt, dans le jardin des Tuileries, devant la beauté d'un homme. Elle aussi, si vraiment la beauté de ce passant la *fascine*, n'aspire qu'à une seule chose, non pas le séduire ni même le connaître, mais simplement le regarder encore. Bien sûr, elle fera peut-être un pas pour aller lui parler, cherchera une phrase capable de le faire sourire, mais ce sera peut-être justement le signe de son retour à la vie normale, la fin de ce que la philosophie nomme d'un terme évocateur, la *satisfaction esthétique*.

Qu'est-ce qui, au juste, est *satisfait* en l'homme lorsque la beauté le contraint ainsi à ne plus détacher son regard ? De quelle nature est le plaisir qu'il en retire ?

Est-il d'ordre sensuel ? Pas vraiment, en tout cas pas uniquement. Il est vrai que nous recevons toujours l'art par l'un des sens, la vue ou l'ouïe le plus souvent. Mais le plaisir esthétique que la contemplation du tableau de David procure à cet homme n'est pas du même ordre que le plaisir sensuel qu'il retirerait, par exemple, d'un massage. Son émotion esthétique ne se *limite* pas au plaisir des yeux. Elle est donc d'une autre nature.

Est-il alors intellectuel ? Pas vraiment non plus. Nul besoin d'un raisonnement ou de connaissances historiques pour trouver beau ce tableau. Sa réflexion n'est probablement pas étrangère à ce plaisir, il peut penser au courage révolutionnaire, à la liberté ou à la mort, mais ces idées ne sont pas non plus ce qui *décide* de son plaisir esthétique. Et il ne serait pas fasciné de la sorte en lisant la page d'un livre d'histoire relatant l'assassinat de Marat. C'est bien que cette satisfaction esthétique n'est pas simplement intellectuelle.

Le plus troublant, c'est que la beauté nous fascine alors qu'elle ne nous donne rien de ce que nous recherchons habituellement : ni satisfaction intellectuelle ni plaisir sensuel, et encore moins les richesses, le pouvoir ou le bonheur, cet état durable auquel nous disons aspirer. Plus exactement, dans l'instant même où nous sommes surpris par la beauté, à l'occasion d'une mélodie surgie de l'autoradio ou des couleurs soudain mêlées d'un ciel, nous ne lui demandons rien de ce que nous recherchons habituellement. Comme si la beauté nous révélait que nous aspirons à autre chose que ce que nous poursuivons chaque jour. Comme si nous profitions de la beauté, nous qui sommes souvent obsédés de représentation et de reconnaissance sociales, pour être enfin *présents à nous-mêmes*.

Reste donc à trouver ce qui en l'homme est satisfait, puisque ce n'est ni simplement sa sensibilité ni simplement son esprit. Serait-ce les deux à la fois ?

Comment la beauté aurait-elle ce pouvoir de réconcilier en nous le corps et l'esprit ?

La beauté d'un chef-d'œuvre ou d'un paysage n'est d'abord qu'une beauté *superficielle* : c'est la beauté de l'apparence, de la « surface », une simple question de couleurs, de proportions... Si nous devions définir la beauté, nous ne pourrions pas dire grand-chose d'autre : elle renvoie à des formes qu'un individu trouve belles sans trop savoir pourquoi.

Voilà l'énigme : si la beauté nous fascine (du latin *fascinum* : charme, maléfice), c'est qu'elle a un pouvoir réel sur nous. Or, ce pouvoir, elle ne peut le tenir que de la forme – de la « belle » forme. Nous, animaux humains, nous targuons de vivre pour des valeurs, des idées... Nous nous affirmons supérieurs aux autres êtres vivants par notre raison ou notre langage, mais une simple forme, simplement parce qu'elle est belle, a ce pouvoir de nous fasciner.

Comment la forme, nécessairement superficielle, peut-elle nous toucher si profondément ?

1. La beauté nous fascine parce qu'elle nous réconcilie avec nous-mêmes.

Nos vies quotidiennes sont tissées de petites déchirures, de combats intérieurs. Un autre verre de vin ? C'est le désir contre la volonté. Une envie de vengeance ? C'est l'impulsion contre la raison, le réflexe contre la réflexion. Les jugements que nous portons finalement attestent de la victoire d'une part de nous-même sur une autre. « C'est bon », pensons-nous en portant à nos lèvres un nouveau verre de bourgogne : la sensibilité, en dernier ressort, a triomphé de notre raison. « C'est mal », constatons-nous ensuite : la raison, finalement, a déterminé ce jugement. Mais nous posons le verre de vin et il retient la lumière dans sa robe : « C'est beau », songeons-nous alors, et là c'est différent. Car ce jugement esthétique n'est pas un jugement comme les autres : il ne vient ni de la victoire de notre sensibilité ni du triomphe de notre raison, il ne vient pas de l'issue d'un conflit en nous, mais au contraire d'une harmonie en nous. Ce n'est pas une partie de moi-même qui décide que c'est beau. C'est justement parce qu'en moi il n'y a plus de « parties » que je trouve cela beau. Voilà pourquoi la beauté nous fascine : elle nous réconcilie avec nous-mêmes.

Lorsque je suis en arrêt devant ce paysage de cimes soudain sorti de la brume, ou lorsque je suis touché par la mélodie d'une chanson de David Bowie, je suis *d'accord avec moi-même*. J'éprouve une impression de plénitude, comme si cessait en moi, miraculeusement, cette lutte qui me déchire constamment. Grâce au plaisir esthétique, je me laisse enfin aller. C'est en ce sens que je suis réconcilié avec moi-même.

Évidemment, il peut nous arriver de vivre pleinement certains instants « non esthétiques » – connaître une satisfaction professionnelle, faire l'amour – sans éprouver aucun conflit interne entre raison et sensibilité. Mais il y a quand même toujours une faculté en nous qui l'emporte : la raison dans la satisfaction professionnelle, la sensibilité dans la satisfaction sexuelle. La singularité du *plaisir esthétique*, ce n'est pas seulement qu'il n'y a plus de conflit entre notre sensibilité et notre raison. C'est surtout qu'elles semblent sur un pied d'égalité.

Reprenons l'exemple du plaisir esthétique éprouvé à l'écoute d'une chanson de David Bowie. Si la sensibilité l'emportait, cela signifierait que la dimension de « l'agréable à l'oreille » déterminerait mon goût pour cette chanson. Si la raison l'emportait, cela signifierait que des connaissances en musicologie ou la compréhension des paroles décideraient de mon goût pour cette chanson. Dans ces deux cas, le plaisir ne serait pas vraiment esthétique, mais sensuel ou intellectuel. Notre première piste, ici, est de chercher l'origine de ce plaisir esthétique dans la réconciliation de notre sensibilité et de notre esprit, dans leur accord : parce qu'il est peut-être les deux à la fois, ou quelque part *entre* les deux, dans leur dialogue harmonieux, qui semble si bien se passer de notre volonté, et où aucune voix n'est plus forte que l'autre.

« Le beau est toujours bizarre », écrivait Baudelaire, pour évoquer cet état auquel nous ne sommes pas habitués. Nous ne sommes pas habitués à ce que le combat cesse : d'où cet état, bizarre en effet, de plénitude existentielle. La beauté nous fascine par cette paix qu'elle instaure en nous, ou plutôt cette trêve, que nous voudrions prolonger. Elle ne durera que le temps de l'expérience esthétique, mais elle ressemble à l'éternité. Il y a de quoi être fasciné, d'autant que nous n'avons rien fait pour cela. Nous étions pris dans un embouteillage et soudain la voix de David Bowie a surgi. La beauté nous *surprend* : nul conflit en nous, cette évidence simplement, portée par l'harmonie en nous – c'est beau. Ce qui nous fascine alors, c'est qu'on ne s'y attendait pas, et qu'on ne discute pas. Il n'y a pas de débat. Entendons-nous bien : c'est à l'intérieur de nous-mêmes qu'il n'y a plus de débat.

Ce qui nous fascine, c'est peut-être que l'artiste ait réussi à créer cette œuvre, mais c'est aussi ce qu'elle parvient à créer en nous, cet *état* dans lequel elle nous met.

D'ailleurs, cet état est le seul critère dont nous disposions pour décider du beau. Les différentes époques ont vu défiler les critères de beauté et les règles de l'art. Cette relativité des critères plaide évidemment en faveur de l'absence de critère objectif de la beauté. Aujourd'hui, nous pouvons trouver belle une statue d'Apollon, fidèle aux règles grecques de la proportion, et un tableau expressionniste, comme *Le Cri* de Munch, obéissant à un critère opposé de disproportion. Quant à la beauté naturelle, il n'y eut jamais aucun critère pour en juger. Le seul critère, c'est notre subjectivité : c'est ce que ça nous fait ! Je reconnais la beauté quand le *sujet* que je suis est enfin réconcilié avec lui-même. Et le signe de cette réconciliation, c'est cette impression de plénitude.

Une tradition philosophique occidentale dominante présente le sujet humain comme un être *dual*, c'est-à-dire déchiré : la liberté est ainsi chez Descartes[58] indépendance de la conscience par rapport au corps, et la morale chez Kant[59] arrachement de notre raison à notre corps. Grâce à la beauté, ce sujet est capable d'être *réunifié*. La fascination est double. D'une part, la beauté nous fait exister d'une façon unique, enfin pleine et réconciliée. D'autre part, nous faisons d'une certaine façon exister la beauté, puisqu'elle n'existe pas par sa conformité à des critères objectifs extérieurs mais uniquement par *notre* plaisir esthétique, intérieur. À travers l'expérience esthétique, nous expérimentons donc aussi notre pouvoir d'« invention » : il n'y a pas que l'artiste qui crée, moi aussi j'invente mon critère du beau. Pour juger belle la montagne Sainte-Victoire peinte par Cézanne, il ne sert à rien d'avoir une longue habitude des promenades en montagne et de reconnaître dans le tableau des paysages, couleurs ou impressions. Il ne sert à rien non plus de connaître l'histoire de l'art et la rupture qu'y représente l'impressionnisme. Il suffit simplement d'éprouver face au tableau cette harmonie interne, cette impression d'être convoqué *tout entier*, de sentir, en soi, sa nature humaine réconciliée, apaisée. La beauté nous fascine car elle nous permet d'éprouver notre liberté de jugement : nous ne cherchons nulle part ailleurs que dans notre nature,

---

58. C'est le « libre arbitre ». Un passage de Descartes assez accessible concernant le « libre arbitre » se trouve dans la *Lettre à Elisabeth* du 3 novembre 1645, dans *Œuvres philosophiques* de Descartes, par Ferdinand Alquié, Garnier, 1963-1973.

59. Kant, *Critique de la raison pratique*, Folio.

et surtout notre plaisir, les raisons de notre jugement. Affirmer que « c'est beau », c'est déjà s'affirmer.

Nous passons nos vies à douter, et à douter de nous, et voilà que devant le beau l'évidence nous saisit. C'est beau, on ne discute pas ! Ce qui nous fascine alors, c'est aussi ce que nous pourrions appeler notre « autoritarisme ». Alors même que nous ne disposons d'aucun argument objectif, nous affirmons une vérité générale : *c'est* beau. Certains trouvent la musique de David Bowie insipide, et il sera quasiment impossible de les convaincre du contraire. Mais leur jugement n'entamera en aucun cas le mien ; il laissera intacte ma certitude subjective.

Notre liberté de jugement est telle que nous pouvons trouver beau n'importe quoi, et c'est aussi cela qui nous fascine : dès lors que la beauté ne renvoie pas à une caractéristique de l'objet lui-même, à un critère objectif, mais à un état interne, subjectif, de notre être, n'importe quel motif peut être l'occasion de notre plaisir esthétique. De simples fleurs, des ruines, le Christ sur la croix, un homme assassiné... C'est banal, triste ou violent, mais la banalité, la tristesse ou la violence, *représentées* d'une certaine façon, peuvent créer en nous cette harmonie interne.

Le propre d'une telle expérience esthétique, si « bizarre », c'est qu'on ne la comprend pas. *On ne comprend pas ce qui nous arrive.* Si en effet nous *comprenions* trop la beauté, l'harmonie interne de notre être, et avec elle notre satisfaction esthétique, serait rendue impossible : l'intelligence en nous dominerait en effet la sensibilité.

C'est pourquoi la beauté doit aussi nous *surprendre* pour être fascinante. Elle doit donc être *originale*. Ce jaune solaire et verdâtre à la fois du *Café de nuit* de Van Gogh, nous ne l'avions en effet jamais vu. Cette voix de David Bowie lorsqu'il chante *Fascination*, nous ne l'avions jamais entendue. Cette réconciliation « bizarre » semble avoir besoin du choc de la surprise pour advenir[60]. La véritable expérience esthétique, pour celui qui se rend au Louvre avec l'intention d'admirer les peintres flamands, adviendra alors plutôt s'il se perd en chemin et tombe, par *surprise*, sur le *Marat* de David. Encore une fois, ses attentes quant aux peintres flamands, ce qu'on lui en a dit, risquent d'induire un primat de l'esprit sur la sensibilité. Les surréalistes[61] ont d'ailleurs théorisé cette surprise comme condition de la beauté : la surprise crée une rupture avec ces habitudes sociales ou intellectuelles qui nous coupent de nous-mêmes, de notre vérité, cette vérité qui surgit justement à l'instant de cette si « bizarre » réconciliation. Autrement dit, ce

60. Voila pourquoi les produits fonctionnels du design qui nous entourent (presse-agrume, petite lampe, cendrier...) ne nous procurent pas d'authentique expérience esthétique. Fabriqués en série, ils n'auront jamais ce pouvoir qu'ont les œuvres originales de déclencher quelque chose en nous, et encore moins la réconciliation dont nous parlons ici. Soit ils seront juste agréables à l'œil, et la sensibilité l'emportera sur l'esprit. Soit c'est leur fonctionnalité qui nous sautera aux yeux, et c'est alors l'esprit qui l'emportera.

61. André Breton, *Manifeste du surréalisme*, Folio, ou Lautréamont, *Les Chants de Maldoror*, suivis de *Poésies*, Folio, où il écrit : « Beau comme la rencontre fortuite sur une planche à repasser d'un parapluie et d'une machine à coudre ».

n'est pas en cherchant la beauté qu'on la trouve, mais c'est en tombant dessus par hasard qu'on la trouve – et qu'on *se* trouve[62]. En résumé : la beauté nous fascine parce qu'elle n'est pas comprise, et parce qu'elle est une surprise.

Ces conditions – absence d'intention repérable, originalité... –, seuls le chef-d'œuvre du génie ou la beauté naturelle les remplissent. Difficile en effet d'être devant une œuvre d'un artiste moyen sans *penser* à ce qu'il a « voulu dire ». Le génie, lui, n'est pas en mesure de dire précisément d'où lui vient son art, encore moins de le réduire à l'application de quelques règles[63]. Et nous non plus, évidemment. C'est justement *parce que nous n'y lisons aucune intention claire* que nous sommes devant les œuvres des génies comme devant les beautés de la nature : fascinés. Cette œuvre, surgie d'on ne sait où, a ce pouvoir de nous réconcilier avec nous-mêmes[64]. Voilà pourquoi, lorsqu'une toile de Dürer ou un poème de Rimbaud nous prend par sa beauté, nous

62. Notre fréquentation ultérieure de cette œuvre restera quand même intéressante : elle nous permettra de prendre toute la mesure de son originalité, et aussi de nous souvenir de cette première impression, en effet inégalable.

63. De nombreux artistes « géniaux », notamment du *quattrocento*, ont toutefois essayé de le faire, mais on peut penser qu'une telle rationalisation n'épuise en aucun cas la réalité de leur art.

64. Nous pourrions ici proposer une définition du chef-d'œuvre du génie comme cette œuvre ayant justement ce pouvoir de créer en nous cet état, cette harmonie interne de nos facultés sensible et intellectuelle.

offre cette certitude d'exister enfin, nous éprouvons envers leurs créateurs une immense gratitude. Car ce qu'ils nous ont offert, c'est une occasion d'éprouver notre nature humaine, non plus, comme dans la vie quotidienne, sous la forme déchirée du conflit entre notre corps et notre esprit, mais sous sa forme réconciliée. Or, si ce conflit peut prendre autant de formes qu'il y a d'individus et même d'instants, cette réconciliation désigne peut-être la nature humaine dans ce qu'elle a d'universel – bref, ce que nous avons de commun avec les autres hommes. Autrement dit, cette réconciliation est possible en chacun d'entre nous. Nous le sentons, et c'est aussi ce qui nous fascine.

Ainsi s'éclaire maintenant notre « autoritarisme » : lorsque nous disons « C'est beau », nous ne disons en effet pas « Cela me plaît à moi » mais bien « C'est beau » soit, implicitement, « C'est beau pour tout le monde ». Mais ce n'est pas pour leur imposer notre vision. C'est comme si cette réconciliation, au fond de *notre* nature, nous soufflait de nous réconcilier aussi avec les autres. La beauté crée en nous, en même temps que cette harmonie interne, un élan vers les autres que nous avons tous déjà éprouvé lorsque nous voulons voir autrui partager notre goût. C'est une expérience fréquente : la beauté d'un morceau de musique nous saisit mais un proche, à nos côtés, y reste insensible. Nous avons l'impression qu'il lui manque quelque chose d'essentiel. Nous ne comprenons pas que son jugement soit différent. Ce mur, qui vient de surgir entre nous, nous désole. Au fond, nous avons envie que l'autre soit d'accord, envie que la beauté nous mette d'accord. Et il n'y a rien qui s'oppose à cet accord des hommes autour du beau. Si l'appréciation de la beauté n'était qu'une question de sensibilité, ou d'intelligence, de « bagage culturel », des frontières en effet se dresseraient entre les individus (certains sont plus ou moins sensibles, d'autres plus ou moins cultivés). Mais comme elle ne dépend pas du développement particulier d'une de ces dimensions de l'homme mais simplement de l'accord, possible en chaque homme, entre notre sensibilité et notre esprit – bref *comme elle met en jeu la nature humaine et non la culture* –, il est possible d'envisager une communion universelle des hommes devant le beau. Les chefs-d'œuvre pourraient même être définis comme ces œuvres ayant le pouvoir de réconcilier chacun avec soi-même, et les hommes entre eux.

C'est tout ce que la beauté fait naître en nous qui nous fascine : ce sentiment d'exister pleinement et cet élan vers l'autre. Le triste « Chacun ses goûts » n'est plus qu'un mauvais souvenir. Il faudrait même n'avoir jamais éprouvé d'authentique émotion esthétique pour continuer à répéter que c'est « chacun ses goûts ». Au contraire, nous avons envie de voir notre goût partagé par les autres. Voilà pourquoi « la musique adoucit les mœurs » : la beauté nous fascine parce qu'elle est l'indice d'un monde commun, d'une nature commune, la promesse d'un bonheur partagé. La beauté réussit là où la politique souvent échoue : elle nous fait éprouver, dans le fond de cette harmonie en nous, la possibilité d'une harmonie entre les hommes.

Mais si une telle satisfaction esthétique est accessible à tout le monde, elle risque fort d'être semblable chez tout le monde. Si elle s'éprouve dans la réconciliation d'une nature que tous les hommes possèdent, qu'en est-il alors de la singularité de *mon* émotion esthétique ? Or, ce que la voix de David Bowie déclenche en moi est peut-être aussi singulier que sa voix elle-même. Du moins, il peut me plaire de le croire, de croire que ma passion pour cette musique me dit quelque chose de moi-même, de ma nature *singulière* plus que de la nature humaine.

D'autre part, si cette impression de plénitude est indéniable, elle nous porte aussi vers autre chose : il est vrai que, lorsque la beauté nous arrête, nous nous sentons bien, en paix avec nous-mêmes, mais *nous n'en restons pas là*. Devant la beauté d'un paysage naturel, cette impression d'harmonie en nous peut nous souffler, par exemple, l'idée d'un Dieu créateur. De même, la mélodie de David Bowie, toujours sur le fil entre la simple ballade et le lyrisme pur, sa voix à la fois si fragile et si maîtrisée peuvent porter en elles l'idée d'un certain mode de vie, noctambule, esthète voire décadent, la référence implicite à certaines valeurs. Et je n'ai pas besoin de comprendre les paroles pour commencer à y adhérer. Autrement dit, la beauté a du sens et c'est aussi cela qui nous fascine, d'autant plus que ce sens ne nous est pas expliqué dans un discours : nous y accédons justement grâce à cette harmonie « bizarre » en nous. La beauté nous fascine donc aussi car elle nous permet de *vivre le sens*, et non de le penser. Voilà d'ailleurs pourquoi on peut parler de fascination : charme, mais aussi maléfice, indiquait l'étymologie. Car il y a en effet quelque chose de dangereux à adhérer ainsi à du sens sans y avoir vraiment réfléchi. Comme la proie fascinée par le regard du serpent, nous ne sommes fascinés que par ce qui nous met en danger.

2. *La beauté nous fascine d'autant plus qu'elle véhicule des valeurs.*

Je pénètre dans la cathédrale de Chartres. Mon visage est appelé vers le haut. Ce sont les formes de la voûte qui l'exigent. Mon regard se laisse happer par le mouvement de la pierre au-dessus de moi, ces arcanes qui se relaient pour m'inviter à lever les yeux vers l'invisible. L'expérience esthétique n'est pas simplement esthétique : elle me donne envie de croire en Dieu. La beauté nous souffle d'y croire, et son souffle est puissant. Pour celui que la beauté fascine, c'est quasiment un ordre. Nous touchons là un nouveau pouvoir de la beauté : de nous faire adhérer à un contenu de sens.

Il est vrai que dans la cathédrale, comme devant toute œuvre qui me fascine, je suis convoqué *tout entier* : ma sensibilité et mon esprit sont en effet tous deux *en jeu*. Je ressens des impressions, et certaines idées me font signe (Dieu, un mode de vie, certaines valeurs...), d'où cette plénitude existentielle indiscutable. Il est vrai que ce plaisir, ni simplement sensuel ni simplement intellectuel, se joue bien dans un rapport entre les deux. Mais si la beauté d'une cathédrale nous donne envie de croire en Dieu sans que nous

nous interrogions vraiment sur cette foi, si notre émotion esthétique en écoutant Bowie nous donne envie d'adhérer à certaines valeurs sans que nous les questionnions vraiment, ce rapport se précise alors : c'est notre sensibilité qui charme notre raison, l'ensorcelle presque. Voilà, en effet, qui est « bizarre », et pourrait expliquer notre fascination ! Et nous pouvons avoir l'impression d'une harmonie car c'est une violence très douce, une forme de séduction. La beauté nous fascine alors parce qu'elle « fait sens ».

Pour bien le comprendre, et mesurer aussi les dangers d'une telle fascination, pensons à ces nazis qui défilaient le bras tendu entre des constructions tendues elles aussi vers le ciel avec autorité. Ils étaient fascinés parce que la beauté de cette architecture monumentale avait pour eux du *sens*. Certes, ils ne s'en rendaient d'abord pas compte, mais cela augmentait d'autant leur fascination, dangereuse au plus haut point car elle donnait congé à leur examen critique. « C'est beau » : ce jugement esthétique porte en lui d'autres jugements. Juger belle, dans l'Allemagne des années trente, l'architecture d'Albert Speer, c'est faire un pas, déjà, vers l'approbation de la politique hitlérienne de conquête et la doctrine de l'inégalité des races. Juger belle la robe d'un verre de bourgogne, c'est être, déjà, invité à boire. *Charme* donc : la beauté nous remplit d'une intensité d'existence. Mais aussi *maléfice* : cette impression de plénitude nous cache cette adhésion insidieuse à des valeurs ou croyances – bref, à du sens.

La beauté nous fascine parce que la beauté des formes renvoie avec force à la vérité des valeurs : à travers notre amour de la forme, du « fond » nous est transmis. Les objections s'élèvent : lorsque la beauté me touche, je ne pense pas à tout ça ! Justement : nous ne sommes pas obligés d'y « penser » pour que l'idée fasse son chemin. Les États totalitaires l'ont bien compris, qui ont utilisé les artistes pour glisser dans les consciences fascinées par la beauté les valeurs du régime. C'est le pouvoir fascinant de la beauté : nous la recevons *comme si c'était la vérité*. Nous semblons nous dire, implicitement : « Si c'est beau, il doit bien y avoir une raison ! ».

Dans l'histoire, la beauté fut d'ailleurs souvent conçue comme l'éclat de la Vérité, la traduction sensible, accessible à tous, d'une signification supérieure, celle de Dieu, du monde ou de la vie humaine. L'harmonie des formes a été pensée dans sa perfection même comme signe de la vérité de Dieu. Les réflexions au sujet du nombre d'or s'inscrivent dans cette logique : la fascination des hommes pour la beauté s'expliquerait par cette reconnaissance de la main de Dieu dans certaines formes parfaites. Ce fameux nombre d'or (1/1,618 = 0,618) fut ainsi baptisé à la Renaissance « divine proportion ». On le retrouve dans de nombreux chefs-d'œuvre (Khéops en Égypte, Apollon en Grèce, des œuvres de la Renaissance, au XXe siècle dans l'architecture de Le Corbusier...), mais aussi et surtout dans la nature (les coquilles d'escargot par exemple). Une telle perfection, explique saint Augustin, serait la preuve de l'existence de Dieu, sa *trace* même. Notre fascination pour cette beauté s'expliquerait alors par cette relation qu'elle nous offre au divin, à la vérité[65].

Ce qui nous fascine alors, c'est cette adhésion en nous, mais qui s'impose à nous, à une signification supérieure. Car cette adhésion confine à l'*abandon* : encore une fois, nous ne la discutons pas. Impossible de douter de Dieu devant une si « divine proportion » ! La beauté nous fascine comme peut nous fasciner la rencontre soudaine avec la vérité de Dieu, avec le sens même du monde, lorsque nous vivons dans la quotidienneté inessentielle de nos existences. De même, mais dans un cadre profane, la beauté de la montagne Sainte-Victoire de Cézanne nous fascine comme un bloc détaché, chu devant nos yeux, de la vérité épaisse du monde. Comme si la peinture de cette montagne nous donnait à voir, dans l'espace du tableau, la chair[66] même du monde. Les « souliers » de Van Gogh, qui ont pris la couleur de la terre et du temps, ne sont plus simplement des souliers, écrit

---

65. Notons qu'encore une fois nous tentons d'approcher l'énigme de la beauté à travers l'idée d'harmonie. Mais ce n'est plus ici l'harmonie interne du sujet, c'est l'harmonie externe des proportions. Cette relation de la beauté à l'harmonie est d'ailleurs réductrice. On pourrait écrire une histoire entière de l'art en quête de disharmonie : symbolisme monumental chinois, âge baroque, expressionnisme allemand... Mais il serait alors tout aussi possible de montrer que cette beauté nous fascine aussi parce qu'elle nous montre, à travers cette outrance même, la vérité de notre condition.

66. La « chair du monde » est une notion développée par Merleau-Ponty pour approcher la vérité dernière du monde. Réagissant contre les conceptions métaphysiques classiques de cette vérité, qui serait *au-delà*, dans le « ciel des idées »

Heidegger[67], mais la vérité soudain éclatante de la condition humaine, son sens ultime : nous sommes condamnés, pour assouvir nos besoins les plus primaires, à travailler la terre comme aucune bête ne le fait. Ce qui nous fascine dans la beauté de ce tableau, c'est alors d'accéder *par notre sensibilité* à une telle signification. C'est, pourrait-on dire, la dimension spirituelle de notre sensibilité.

Vérité de Dieu, du monde ou de notre humaine condition, la beauté, dès lors que nous y sommes sensibles, ne nous *laisse pas le choix*. Ce constat est quasiment incompréhensible si nous pensons que la beauté ne tient qu'à un agencement superficiel de formes – qu'elle n'est d'abord qu'une belle *apparence*. La beauté, c'est juste un peu de matière mise en forme ! Mais ces formes expriment pourtant un sens qui s'impose avec force.

C'est ce pouvoir des formes de « faire sens » que nous devons comprendre. Prenons l'exemple du

---

(Platon), le Paradis (christianisme) et induirait une dévalorisation des apparences sensibles, Merleau-Ponty voit au contraire cette vérité dans l'épaisseur même du monde : il n'y a rien *derrière*, c'est dans la façon dont il se montre à nous que réside sa vérité. C'est pourquoi les peintres, plus peut-être que les philosophes, sont capables de nous le dévoiler. La mort précoce empêcha Merleau-Ponty d'achever sa philosophie de la « chair du monde », qui apparaît toutefois dans *Le Visible et l'Invisible*, Tel Gallimard, et *L'Œil et l'Esprit*, Folio essais, p. 19 notamment d'un livre qui n'en compte que 92. Ce sont les dernières que Merleau-Ponty put achever : une introduction admirable, et simple, à sa philosophie.

67. Heidegger, « L'origine de l'œuvre d'art », dans *Chemins qui ne mènent nulle part*, Tel Gallimard.

Sphinx. Nombreux sont ceux, esthètes cultivés autant que touristes ou enfants, qui restent en arrêt devant lui dans la salle d'égyptologie du Louvre. Pourquoi ? Quel est le *sens* du Sphinx, ce corps de félin duquel émergent les traits si fins d'un torse ou d'un visage humain ? L'Égypte d'alors était encore soumise à la Nature : la loi du sang réglait la politique, on était pharaon de père en fils, et les violentes crues du Nil rappelaient aussi aux Égyptiens que c'était la Nature qui décidait. Le corps du félin symbolise justement cette fascination pour la nature. Mais l'Égypte d'alors avait aussi vu naître, greffé sur les crues naturelles, un système d'irrigation savant et, autour du pharaon, une organisation politique élaborée : bref, une aspiration à la culture, à la civilisation, symbolisée quant à elle par ce torse humain émergeant du bassin imposant de la bête. La beauté du Sphinx nous fascine car elle symbolise la vérité déchirée de la civilisation égyptienne, écrit ainsi Hegel[68]. Fascination réservée à une élite cultivée ? Non.

D'abord parce que tous les Égyptiens, quelles que soient leurs positions sociales, étaient devant leur Sphinx comme pétrifiés. Cette beauté symbolisait leurs valeurs et leurs croyances les plus profondes. Elle leur disait qui ils étaient. Comme les Grecs plus tard devant ces statues d'Apollon qui borderont les

68. Hegel, *Cours d'Esthétique*, Aubier, 1995, tome I, p. 479. Hegel y revisite toute l'histoire de l'humanité à travers celle de l'art, dans une somme à la fois passionnante et assez facile à lire. L'esthétique de Hegel constitue une bonne entrée dans sa philosophie.

allées de la cité athénienne, les Égyptiens restaient en arrêt devant cette beauté qui leur parlait d'eux-mêmes, du sens de leur vie. Les hommes se sont en premier lieu servis de l'art pour donner figure à leurs dieux, à leurs valeurs. La beauté a donc du sens, porté, soufflé par les formes sensibles.

D'autre part, si la beauté du Sphinx imposait à l'Égyptien la vérité de son temps, la fascination s'exerce aussi sur les hommes d'après. Cette vérité n'est pas seulement la vérité d'une civilisation. Nous sommes les enfants de ce passé égyptien où des hommes encore séduits par l'énigme trouble de la Nature s'en arrachèrent pourtant. Si, au Louvre, je suis fasciné par les formes du Sphinx, c'est parce que ma sensibilité me fait adhérer à cette idée que moi, Parisien du XXIe siècle, j'ai dû m'arracher à la bête pour être ce que je suis. Voilà pourquoi les chefs-d'œuvre constituent un patrimoine commun de l'humanité. Ils racontent tous un moment de la même histoire. La beauté nous fascine car elle nous installe dans un autre rapport au temps : le passé est présent devant nos yeux, le passé devient présent en prenant la forme de la beauté. Chaque chef-d'œuvre met en forme « ce qui s'agite dans l'âme humaine » écrit Hegel, les valeurs les plus chères aux hommes[69].

« Ce qui s'agite dans l'âme humaine », ce peut être

---

69. Et précisément ce qui s'est particulièrement agité dans l'âme humaine à une époque donnée, l'enchaînement de ces époques venant écrire le texte d'une seule Histoire, celle de l'humanité, que l'histoire de l'art retrace à sa façon. C'est-à-dire en beauté.

aussi, plus simplement, la vérité d'un sentiment. Dans *La Madone de Foligno*, de Raphaël, Marie porte son enfant et l'enveloppe de son regard autant que de ses bras. *L'amour, c'est exactement ça*, ressentira celui que ce tableau émeut. La beauté le fascinera comme la révélation de cette vérité de l'amour. Y être sensible, c'est s'y abandonner, comprendre, *sans avoir à y réfléchir*, le sens même de l'amour chrétien.

Ce qui nous fascine dans la beauté, c'est alors cette impossibilité de démêler le *sensible* (la beauté des formes) et le *sens* (la signification). Le sens, qui serait discuté s'il était exprimé dans un discours, trouve dans son union avec la matière, dans les formes du Sphinx, les notes de la mélodie de David Bowie – dans la beauté donc – sa vérité indiscutable.

Les beautés de l'art[70] nous fascinent parce qu'elles

70. D'ailleurs, nous sommes souvent sensibles à des beautés naturelles après que des artistes nous ont appris à les voir. Nous avons commencé à voir la beauté des brouillards londoniens, écrit Oscar Wilde, uniquement après que Turner nous l'a montrée par sa peinture. D'où son mot célèbre : « Ce n'est pas l'art qui imite la nature, mais la nature qui imite l'art ». Encore une fois, la beauté donne du sens : la beauté artistique nous fascine car elle nous donne à voir la beauté de la nature. Nous ne pourrions même pas savoir ce que les hommes d'hier trouvaient beau dans la nature sans les œuvres de leurs artistes ! Ce qui nous fascine dans la beauté artistique, c'est alors qu'elle nous dit ce qui est beau. C'est ce pouvoir de transformation d'une réalité laide ou banale. Avant l'art de Turner, ce brouillard n'avait aucun sens : c'était juste la menace d'un rhume... Mais après lui le brouillard devient beau et c'est cette beauté qui en retour lui donne son sens, l'érige en symbole d'une civilisation d'industriels et de dandys.

symbolisent des idées, des valeurs... et c'est cela qui nous attire, que nous reconnaissons « sous » la beauté.

Le propre d'un symbole, c'est qu'il désigne une signification qui est en partie prise dans sa matérialité même – pensons au lion, symbole de la force – mais qui la déborde aussi. Il y a là comme un saut, et surtout une énigme. D'être simplement sensible à la beauté de formes et de volumes nous conduit à épouser des valeurs. Les formes, volumes..., c'est le « signifiant » : ce qui signifie. Ces valeurs, c'est le « signifié » : ce qui est signifié. Le mystère de l'art, c'est ce passage du « signifiant » au « signifié ». Lorsque nous apprenons le code de la route, nous apprenons un code *conventionnel* permettant de passer du « signifiant » (un losange jaune encadré de noir) au « signifié » (nous roulons sur une route prioritaire). Il n'existe pas de tel code en art. À la place, il y a notre imagination, notre vie intérieure, notre sensibilité, éveillées par la beauté. C'est seuls que nous passons du signifiant au signifié. La beauté nous fascine car elle nous *force* à nous substituer à cette absence de code. À l'instant même où la beauté nous arrête, elle nous conduit aussi vers des valeurs que nous n'aurons pas le temps d'examiner. La belle forme a ce pouvoir, non seulement de plaire à notre sensibilité, mais aussi de « séduire » notre esprit.

Ainsi s'explique que nous puissions, fascinés par la beauté, perdre la raison. Devenir criminels, immoraux. Néron faisait brûler Rome pour pouvoir contempler la beauté de la ville en flammes. Certains tuent pour la beauté. Sans aller jusque-là, il peut y avoir une violence dans la façon dont le sens se fraie un passage. Nos sens nous forcent à approuver ce qui est exprimé. La musique militaire n'adoucit pas vraiment les mœurs ; les jeunes soldats grecs étaient invités à partir vers la mort par une musique lyrique. Et quand ce n'était pas ces départs en fanfare vers une mort probable que la musique favorisait, c'était des orgies dionysiaques, des corps ivres de vin et de désir qui s'éveillaient au son du chant des flûtes. Les hommes ainsi charmés ne sont plus nécessairement d'accord avec eux-mêmes. Ils sont d'accord avec ce que la beauté symbolise, mais au prix donc de cette violence faite par leur sensibilité à leur raison.

Ces exemples suggèrent déjà que la beauté éveille en l'homme autre chose que cette reconnaissance d'un sens, quelque chose de plus profond, puisque parfois ils en perdent la raison. Ils suggèrent aussi que notre dernière réponse – la beauté nous fascine parce qu'elle « fait sens » – était probablement trop « intellectuelle » : nous serions alors moins fascinés par la beauté que par sa signification... Or, il y a quelque chose d'ambivalent dans la beauté, quelque chose d'irréductible à son sens, qui apparaît justement dans cette violence qu'elle est capable de déclencher.

3. Il n'y aurait pas de fascination sans la jouissance inconsciente que procure la beauté.

Et si cette violence, parfois visible, n'était que le surgissement ponctuel d'une violence, la plupart du temps cachée, inhérente à tout plaisir esthétique ? Quelle pourrait être cette violence cachée ? Celle, justement, dont la nature humaine est le théâtre, à la différence de la nature animale, qui ne connaît de violence qu'exprimée. C'est bien là tout l'enseignement de Sigmund Freud, et de sa découverte majeure : l'inconscient est le lieu d'une violence cachée.

À sa naissance, explique Sigmund Freud, le petit homme est jeté dans la civilisation. Cette civilisation, organisée par une série d'interdits, de valeurs sociales ou morales, va se trouver incompatible avec la nature pulsionnelle de l'enfant. Ces interdits et valeurs imposent le refoulement de certaines pulsions, sexuelles, d'agression, d'emprise... Le refoulement de ces pulsions naturelles est le prix à payer pour entrer dans la culture. Les premières années de l'enfant sont donc marquées par différentes strates de pulsions refoulées, qui vont venir constituer son inconscient. La civilisation est donc civilisation des pulsions. Mais, une fois « tombées » dans l'inconscient, ces pulsions réclament encore satisfaction. Le refoulement ne tue pas la pulsion.

Or cette pulsion humaine, à la différence de l'instinct animal, peut se trouver satisfaite par un autre objet que celui qu'elle visait initialement. La pulsion sexuelle refoulée peut ainsi trouver la satisfaction réclamée ailleurs que dans l'activité sexuelle. C'est ce que Sigmund Freud nomme « sublimation[71] » : la pulsion sexuelle est dite sublimée lorsqu'elle est

---

71. Freud. Il y recourt dans toute son œuvre, notamment dans *Suite aux leçons d'introduction à la psychanalyse*, *Malaise dans la civilisation*... Voir J. Laplanche et J.-B. Pontalis, *Vocabulaire de la psychanalyse*, PUF Quadrige, 2002, p. 465.

dérivée vers un nouveau but, non sexuel, et valorisé au sein de la civilisation. La beauté peut être ce nouveau but.

La beauté nous fascine alors parce qu'elle nous offre une occasion de satisfaire nos pulsions sexuelles refoulées[72]. Elle nous arrête, et nous ne demandons rien en échange, car elle nous offre déjà tant : la satisfaction inconsciente de nos aspirations les plus profondes, de cette vie cherchant à s'exprimer en nous depuis si longtemps, depuis que la culture nous a contraints à ce refoulement par lequel nous sommes devenus un animal civilisé – un homme. Nous intériorisons depuis toujours des valeurs sociales ou morales au nom desquelles, le plus souvent inconsciemment, nous rejetons dans notre inconscient des aspirations qui sont pourtant nôtres. « Comme Œdipe, nous sommes inconscients des désirs qui blessent la morale et auxquels la nature nous contraint », écrit Sigmund Freud. La culture nous a obligés à censurer ces désirs qui blessent la morale. La culture encore nous offre l'occasion de les sublimer. Et voilà que la beauté des œuvres d'art nous permet de satisfaire cette vie censurée. Il y a de quoi être fasciné. La beauté de *La Madone de Foligno* ne me fascine pas seulement parce qu'elle met en forme le sens de l'amour chrétien, mais parce qu'elle me donne une occasion, par ses formes, de satisfaire d'une façon indirecte, symbolique, non sexuelle évidemment, mes pulsions sexuelles refoulées.

72. Plus précisément : de sublimer l'énergie associée à nos pulsions refoulées.

Nous saisissons mieux pourquoi nous ne comprenons pas ce que la beauté nous fait – pourquoi, donc, elle nous fascine[73]. La beauté du *Marat assassiné* de David ne me trouble pas parce qu'elle symbolise l'idéal révolutionnaire, mais parce qu'il y a dans ces formes, peintes par le génie, quelque chose autour de quoi s'enlacent mes pulsions pour se satisfaire. C'est cela, le pouvoir de la forme sur l'animal humain.

Nous n'avions pas tort de penser la satisfaction esthétique en termes de fin du conflit. Mais ce n'est pas le conflit entre notre sensibilité et notre esprit qui prend fin. C'est celui qui oppose, au cœur de notre « moi », nos pulsions refoulées et la civilisation qui a exigé ce refoulement : dans le langage freudien, le « ça » (l'inconscient) et le « surmoi » (valeurs sociales ou morales, idéaux à l'origine du refoulement). La satisfaction esthétique est la résolution, provisoire, de ce conflit qui peut nous transformer en névrosés, en fous ou en criminels. Le temps de l'émotion esthétique, le temps de ce morceau de Bowie, mon « ça » cesse d'être en conflit avec mon « surmoi » : il se trouve satisfait d'une façon qui ne le heurte pas. Si mes pulsions s'exprimaient directement, elles seraient condamnées moralement par mon « surmoi ». Mais le génie de Bowie est de leur

73. L'étymologie vient d'ailleurs confirmer cette relation de la fascination et du sexuel : elle indique certes « charme, maléfice », mais chez les Romains, le mot « phallus » n'existant pas, le mot grec de *phallos* se disait justement *fascinus*. Autrement dit, le *fascinus*, c'est le sexe lui-même ! « Et c'est cette image-là, ce phallus que nous cherchons, écrit Pascal Quignard – dans *Le Sexe et l'Effroi*, Gallimard –, derrière toute beauté. »

permettre de s'exprimer d'une façon sublimée, acceptable par mon « surmoi ».

Étrange et complexe animal humain, tellement civilisé que même le fond en lui d'une vie pulsionnelle violemment asociale va se trouver satisfait par les productions les plus raffinées de la civilisation : les œuvres d'art.

Étrange et fascinant pouvoir de la belle forme, superficielle par définition puisqu'il s'agit toujours de la beauté de la « surface », mais capable de satisfaire en nous la vie la plus profonde. Dans notre fascination pour la forme, c'est l'informe au fond de nous qui trouve à s'exprimer. Dans notre fascination pour la beauté se joue l'assouvissement en nous de ce qui n'est ni beau ni laid, mais a été censuré par le « surmoi » comme relevant du mal, de l'excès, de l'inavouable. On comprendrait alors mieux la fascination des hommes pour des choses qui ne sont pas agréables à voir, pour cette belle représentation de la laideur ou du mal si fréquente dans l'histoire de l'art – des toiles de Hieronymus Bosch aux vanités, en passant par toutes ces œuvres chrétiennes où sont représentées, sur le visage et le corps du Christ ou de ses bourreaux, les marques de la souffrance, de la torture, de la haine ou de la mort.

On entre dans l'art par l'*un des sens*, on y reste pour l'*indécence*. Ce n'est pas seulement le sens symbolisé par la beauté qui nous fascine, mais aussi et peut-être surtout ce qu'elle éveille dans notre inconscient.

Reste à savoir quels types de beauté sont les plus aptes à nous offrir une telle satisfaction inconsciente.

Les œuvres d'artistes y parviennent probablement davantage que les beautés naturelles.

C'est en mettant en relation des événements de l'enfance de Léonard de Vinci et des motifs récurrents de sa peinture que Sigmund Freud a esquissé sa théorie de la sublimation. Le génie a cette capacité de métamorphoser quelque chose de privé, une blessure intime dans son histoire personnelle, en une œuvre universellement utile, dans laquelle les autres hommes vont, inconsciemment, et au travers de l'*émotion* suscitée, se reconnaître. Que Léonard de Vinci ait ressenti très jeune un amour excessif pour sa mère, qu'il n'ait probablement jamais eu ensuite de vie sexuelle ne regarde que lui. Mais il en a fait, par la force d'un travail surhumain sur les formes, quelque chose d'universel qui nous donne un plaisir esthétique. Que nous éprouvions un tel plaisir signifie que nous avons, au moins pour partie, les mêmes pulsions refoulées – et des blessures consonnantes. L'art du génie nous fascine parce qu'il est habité par les pulsions qu'il sublime. La beauté « superficielle » est la forme que le génie impose à ce qui n'a pas de forme[74]. Voilà pourquoi la beauté des mannequins sur toutes ces pages de magazines ne nous émeut pas autant qu'une femme moins belle mais peinte par Manet, pourquoi la beauté d'une montagne nous éblouit d'une façon nouvelle dans le tableau de Cézanne, pourquoi c'est seulement au travers de

74. La beauté nous fascine parce qu'elle est l'expression apollinienne (Apollon est le dieu de la belle forme) du dionysiaque (Dionysos est le dieu du désir).

l'objectif d'un grand photographe que la beauté d'un top model devient enfin fascinante. Car alors nous sommes dans l'art : la beauté qui nous fascine est celle qui nous permet de façonner nos pulsions, de leur donner la forme de la civilisation, d'exprimer d'une façon raffinée, voire spirituelle, notre énergie libidinale. Elle nous arrête d'ailleurs pour ça. Nous comprenons mieux la violence de l'émotion esthétique puisqu'elle est la satisfaction d'une violence au fond de nous censurée. Nous comprenons aussi l'utilisation par les régimes totalitaires de ce pouvoir de la beauté pour galvaniser des foules. Puisque la pulsion humaine est « souple », la pulsion sexuelle peut être déviée vers un but esthétique, puis déviée encore vers un but politique. La beauté qui nous fascine est en effet dangereuse. Elle éveille au fond de notre inconscient des pulsions qui peuvent certes s'exprimer d'une façon civilisée, esthétique, sublimée, mais qui demandent d'abord à s'exprimer tout court.

Étrangement, longtemps avant Sigmund Freud, Aristote, le premier philosophe à s'être posé cette question de la nature du plaisir esthétique, en frôla la véritable nature [75]. Observant la fascination des Grecs pour la beauté du théâtre tragique, Aristote explique d'abord que la satisfaction esthétique vient du plaisir que l'homme prend à reconnaître ce qui est imité. Cette première piste, parfois valable pour la peinture figurative, n'est guère convaincante : nous voyons

75. Aristote, *La Poétique*, Seuil, 1980.

mal ce qu'imitent l'architecture, la musique, ou même certaines pièces tragiques montrant des héros écrasés par des destins hors normes. Mais Aristote remarque aussi que le théâtre est l'occasion, chez le spectateur, d'un soulagement intense de certaines de ses passions, la *catharsis*, qu'il entend au sens de *purgation*. Le spectateur se déchargerait, grâce à la représentation de la tragédie, d'une violence en lui, ce qui lui permettrait de mieux faire face aux situations difficiles liées au destin de la cité [76]. Contrairement à Platon, qui voulait « chasser les poètes de la cité » et leur reprochait de flatter « la partie déraisonnable de l'âme », Aristote invite les artistes sur la place publique : loin de « flatter » cette violence déraisonnable, ils en permettent la *catharsis*, la purgation, et peut-être même la purification. La beauté de l'art a donc une utilité sociale. Elle est nécessaire à la civilisation : pas pour la décorer, ni pour s'en évader, mais pour nous permettre d'y vivre, en nous purgeant de notre violence excessive, animale.

Nous comprenons alors pourquoi la beauté, toujours si calme en apparence, peut nous faire penser à l'éternité. Peut-être est-ce cela, la vie éternelle, cette paix-là, ou cette mort-là, l'extinction de toutes nos passions, la solution donnée à ce conflit, en nous,

---

76. Cette catharsis peut aussi se traduire par *purification*. Peut-être alors que les passions ou sentiments des Grecs sont susceptibles d'être, plus encore que purgés, *purifiés*, qu'ils peuvent changer d'état, s'exprimer d'une façon qui n'était pas la façon « naturelle ».

entre le ça et le surmoi, qui est synonyme de notre vie même.

Affrontons une ultime question : quel est donc le rapport entre, d'un côté, tout ce que nous montre cette beauté – une harmonie en nous, une vérité, du sens... – et, de l'autre, cette satisfaction obscure qu'elle nous donne aussi et dont nous n'avons même pas conscience ?

Et si ce qu'elle nous montre était là pour cacher la nature profonde de la satisfaction qu'elle nous procure ? La beauté ne peut être qualifiée de *divertissante,* puisqu'elle éveille en nous des choses essentielles. Pourtant, la beauté nous éblouit par la magie de ses belles formes ou de cette apparence chargée de sens, elle nous divertit donc dans une certaine mesure, justement pour mieux faire passer, comme en contrebande, un plaisir plus profond. C'est ce que Freud nomme « prime de séduction », ce plaisir « bizarre » en effet, pris à la contemplation de la beauté formelle, mais qui est fait pour permettre, et peut-être cacher, la libération d'une jouissance supérieure, inconsciente. L'homme est en arrêt devant le *Marat assassiné* de David : il croit que ce sont simplement les couleurs et les formes qui le captivent, ou que ce tableau lui parle de la Révolution française. Il ne voit pas tout ce qui se joue au fond de lui, que son éblouissement l'empêche justement de voir. Heureusement d'ailleurs, car s'il le savait, il ne l'accepterait pas. Nous comprenons mieux pourquoi la beauté nous fascine : elle nous cache quelque chose.

La beauté nous fascine car, dans le temps de l'expérience esthétique, elle dévoile et elle voile, elle montre et elle cache.

Elle nous montre une étrange paix en nous, mais elle nous cache la violence qu'elle recouvre. Elle nous montre combien nous sommes civilisés, mais elle nous cache le fait que nous assouvissons, sous une forme civilisée, une violence pulsionnelle asociale.

Voila pourquoi nous ne parvenons pas à la quitter des yeux : nous regardons des formes que nous trouvons simplement belles tandis qu'au plus profond de nous se trouve satisfaite une vie violente et inconsciente.

La beauté nous fascine car elle fait diversion.

JEUDI

Qu'apprend-on vraiment à l'école ?

« Vivre est le métier que je veux t'apprendre. »

Jean-Jacques Rousseau [77]

On dit parfois d'un autodidacte qu'il a fait « l'école de la vie ». Cette expression renvoie d'abord à la rudesse d'une expérience, aux qualités humaines de celui qui a su se passer de formation théorique. Elle suggère aussi autre chose : l'école ne serait pas « l'école de la vie ». Elle serait un lieu protégé de la violence du monde ou de la vérité de la vie. Mais alors, qu'y apprend-on ? Comment l'école pourrait-elle préparer à la vie si elle en est coupée ? Comment l'école pourrait-elle assumer sa mission : former « des hommes libres, des citoyens éclairés, des travailleurs qualifiés [78] » ?

Troublante mission, d'ailleurs. « Des hommes libres »... La liberté s'apprendrait dans le temple de

---

77. Rousseau, *Émile ou De l'éducation.*

78. Malgré la « valse des ministères », on retrouve toujours ces trois objectifs dans ses directives officielles.

la contrainte et des obligations ? « Des citoyens éclairés »... Tous ces savoirs enseignés à l'école nous « éclaireraient » sur le sens de nos votes, nous inviteraient nécessairement à respecter les lois ? « Des travailleurs qualifiés »... L'école n'aspirerait donc qu'à nous donner un travail ?

Bien que problématiques, ces objectifs impliquent que l'école nous apprenne d'abord des *méthodes* ou des *contenus*. Pour devenir « un homme libre », libre d'esprit en tout cas, il faut apprendre à utiliser sa raison, lui donner une méthode pour combattre les préjugés. Pour devenir « un citoyen éclairé », il faut s'ouvrir à certaines connaissances, notamment historiques, utiles à la compréhension des enjeux politiques du présent. Pour être « un travailleur qualifié », il faut apprendre certaines techniques, de communication par exemple, comme celles qui sont enseignées dans les filières du bac STT en expansion si rapide.

Ces trois objectifs exigent, en effet, une « coupure » première avec « la vie », avec nos désirs les plus immédiats. L'école nous apprend donc des choses qui ne sont pas naturelles, dont nous n'avons pas d'abord *envie*. Elle est même en premier lieu « coupée de la vie » au sens de la *vie du corps* – de nos instincts les plus naturels. Les enfants, à l'école maternelle, apprennent d'abord à rester assis, à respecter des règles. Ce sont leurs premiers désirs – bouger, crier... – qui se trouvent interdits.

Le grand paradoxe de l'école, c'est qu'aucun de ces trois objectifs ne peut pourtant être envisagé sans le développement d'un authentique *désir* de savoir, d'une envie de l'élève d'aller *vers* ces contenus enseignés.

Pour devenir, par exemple, cet homme libre d'esprit, il faut que l'élève ait envie d'ouvrir son esprit à de nouvelles interprétations, de remettre en cause ce qu'il a toujours cru ou entendu. S'il n'en a pas envie, l'école ne pourra le forcer. De même, pour éveiller le sens historique d'un adolescent, et ainsi faire de lui un citoyen éclairé, il faut qu'il en ait envie, que *son désir* se porte vers l'étude du passé, et non simplement vers les modes de son temps ou les corps de ses voisines. Sans une telle envie, on pourra toujours le forcer à apprendre des dates, cela ne fera pas de lui un bon citoyen.

Le problème de l'école est bien là : elle doit nous apprendre, *en même temps*, à contenir nos désirs premiers et à en faire émerger un autre, tellement plus hypothétique : le *désir de savoir.* Si un tel désir de savoir existait naturellement, à quoi servirait l'école ?

Les hommes sont travaillés par des pulsions naturelles très fortes – agressives, possessives, sexuelles. Ils ont envie de vivre, de dominer ou de s'aimer, de mourir parfois aussi. Mais il n'est pas sûr qu'ils aient naturellement, spontanément, envie d'apprendre. N'est-ce pas *d'abord* cela que l'école doit nous apprendre ?

Comment l'école peut-elle alors nous apprendre le désir même d'apprendre ?

1. Avant le savoir, l'école nous apprend la discipline.

Commençons par le début : entrons dans une classe de « petits » de maternelle. Ils arrivent à l'école et doivent commencer par s'asseoir. Nombreux sont les parents à avoir vécu cet instant, le jour de la rentrée en maternelle, lorsque la porte se referme pour la première fois sur la classe, et les laisse, inquiets, refluer vers la sortie. Ils sont encore dans le couloir que les enfants partent d'un seul cri, angoissé et mimétique. Comment réagit la maîtresse ? Elle les fait asseoir. Leur dire de s'asseoir, c'est leur dire que leur corps n'est pas roi, comme n'est pas reine leur envie de pleurer. Qu'apprend-on à l'école ? À dominer son corps. À arrêter de pleurer alors qu'on en a envie, à rester assis quand on voudrait courir. Pourquoi ça marche ? Parce qu'on le fait ensemble. Ce qui m'est imposé, l'étant aussi à mes voisins, ne peut être *complètement* injuste. Entrer à l'école, c'est apprendre déjà qu'entre mon corps et moi, il y a les autres – la loi. C'est ensuite seulement que l'école nous apprendra des contenus, ceux des « programmes » notamment. Pour l'instant, elle forme déjà de petits citoyens.

Sigmund Freud distingue deux principes régissant notre vie d'homme : le principe de plaisir, caractérisé par une « décharge » de notre énergie libidinale, et le principe de réalité, marqué au contraire par une « retenue » de cette même énergie. À l'école, il n'y a pas que les heures qui sont parfois de retenue : tout est « retenue ». *Levez la main avant de prendre la parole.* À l'école, l'enfant n'est pas le roi, son désir encore moins. Ici, ce n'est pas en criant qu'il obtiendra gain de cause. À l'école, les enfants ne vont pas d'abord apprendre *quelque chose* dont ils ne pourraient absolument pas se passer, telle chanson ou méthode de coloriage. Ils vont apprendre, avant tout, à rester assis les uns à côté des autres. À arriver, à se lever en même temps. C'est, déjà, la vie ensemble. Les spectacles de fin d'année ne sont pas des successions de performances individuelles mais bien des spectacles *collectifs*. Si les cours d'éducation civique commencent en sixième, l'entrée en maternelle en constitue le plus beau des prémisses.

Bien sûr, la vie du corps n'est pas complètement exclue de l'école, mais elle ne s'y épanouit qu'à des instants précis. On comprend mieux ces clameurs montantes des cours de récréation. C'est le retour de la vie dans ses élans les plus simples : crier, courir, s'aimer, se bousculer. C'est la vie, d'avoir été tant *retenue*, qui se *décharge* bruyamment. Avant de retourner en classe, et de devoir s'asseoir sans plus pouvoir ni s'agresser ni s'embrasser.

Impossible donc de penser l'école sans rappeler que ces contraintes sont imposées au *corps* de l'enfant – horaires, présence, position... L'école est un droit, elle donne surtout des devoirs : à rendre, à respecter. L'entrée à l'école est une violence. Il y a tant d'élans interdits : recevoir l'amour exclusif, s'imposer comme le plus fort...

Qu'apprend-on d'abord à l'école ? La discipline, écrit Emmanuel Kant sans hésiter : « On envoie les enfants à l'école, non pour qu'ils y apprennent quelque chose, mais pour qu'ils s'y accoutument à rester tranquillement assis et à observer ponctuellement ce qu'on leur ordonne[79] ».

Ce propos sévère peut surprendre. La première légitimité de la discipline, c'est pourtant la rupture avec la « loi du plus fort » : sans elle, les plus forts l'emporteraient toujours. Il peut s'agir soit des individus les plus forts, socialement, physiquement, soit, en chacun, des pulsions les plus fortes, agressives, sexuelles[80], grégaires, régressives...

Si cet ordre est légitime, c'est donc qu'il s'applique à tous les enfants pareillement, quels que soient leurs caractères ou milieux d'origine : la discipline est *institutrice d'égalité*. À l'école, l'enfant découvre cette égalité dont il ne peut faire l'expérience dans sa famille[81].

Les partisans de « l'expression libre » des enfants, d'une nouvelle pédagogie héritée de 1968, ne voient

---

79. Cette idée est présente à la fois dans le *Traité de pédagogie* et dans les *Réflexions sur l'éducation*. La lecture de ces très courts livres de Kant, comme celle de ses différents opuscules (*Projet de paix perpétuelle*, *Idée d'une Histoire d'un point de vue cosmopolitique*) constituent une introduction possible à cet auteur difficile, ainsi que la deuxième préface de la *Critique de la raison pure*. Idéal aussi pour entrer dans l'œuvre de Kant : *Pour connaître Kant*, par Georges Pascal, Bordas, impressionnant de clarté et de concision.

80. Une des grandes découvertes de Freud, qui tint un rôle central dans le scandale déclenché par ses travaux au début du siècle, est l'existence de pulsions sexuelles chez le jeune enfant.

81. Enfant unique, la question de l'égalité n'a pas de sens. Élément d'une fratrie non plus, l'enfant se trouvant devant une égalité impossible : on sait combien la place au sein de la fratrie détermine le psychisme d'un individu

pas qu'ils favoriseraient ainsi le triomphe des plus « forts », de ceux qui s'adapteront le mieux à un monde sans norme, et donc de l'inégalité naturelle, pour ne pas dire sociale. Qui n'a jamais vu à l'école, au contraire, un enfant timide, mal dans sa peau, ou socialement défavorisé, s'exprimer enfin scolairement, comme rassuré par l'égalité ambiante ? Sans la discipline imposée à tous, comment se serait-il exprimé ? L'égalité des chances est un beau discours. Il lui faut la réalité de la discipline pour avoir justement sa chance.

Qu'apprend-on à l'école ? Qu'une autorité supérieure est la condition de l'égalité effective [82]. S'il n'y avait rien au-dessus de nous pour nous imposer l'égalité, nous laisserions l'inégalité naturelle faire tous ses ravages. L'école nous apprend donc moins des savoirs qu'une attitude rendant possible ce savoir, moins des *contenus* qu'une *forme* d'obéissance.

Cette obéissance est loin d'être incompatible avec la liberté. Lorsque nous nous représentons ces enfants

82. C'est l'autorité du maître, et à travers elle celle de l'État, imposant la discipline, qui institue donc cette égalité qui est une valeur républicaine. Aujourd'hui d'ailleurs, les professeurs, dans certains quartiers, sont d'autant plus méprisés que l'État est lui-même délégitimé. C'est bien l'État français qui est insulté à travers eux, et lorsqu'un professeur est poignardé par un de ses « élèves », c'est évidemment l'autorité de l'État qui est mise en péril. À l'inverse, si l'institution est respectée, le maître n'a pas besoin de faire montre d'autorité. Le retour aujourd'hui de certaines poussées, non d'*autorité* mais d'*autoritarisme* (renvois, punitions, présence de la police dans les cours d'école...), traduit donc la faiblesse de l'institution scolaire bien plutôt que son hypothétique reprise en main.

en train de colorier, donnant libre cours à leur créativité, nous oublions qu'ils le font ensemble, et dans le moment imparti au coloriage. Et – fait remarquable – ce n'est pas parce que le moment leur est imposé qu'ils n'y prennent pas de plaisir. Au contraire peut-être... L'école nous apprend alors qu'il peut y avoir entre la liberté et la contrainte une relation complice. À l'école, l'enfant ne fait pas ce qu'il veut. Mais être libre, ce n'est pas « faire ce qu'on veut [83] ». Être libre, c'est savoir imposer une limite à ses désirs pour pouvoir arbitrer en raison. Seule une telle relation de chacun à ses propres désirs va d'ailleurs rendre possible la vie ensemble. La hiérarchie entre les objectifs de l'école se précise alors : elle doit donc aspirer à former d'abord des « hommes libres » en ce sens, capables de n'être pas esclaves de leurs désirs : eux seuls pourront, ensuite, devenir « citoyens éclairés ». Évidemment, ils y apprennent des savoirs élémentaires (écrire, lire, compter) sans lesquels il leur serait impossible d'exercer leur citoyenneté [84], de lire les bulletins de vote par

83. Cette critique d'une conception immature de la liberté est développée par Platon dans *La République*, à travers la critique de la « licence ». Cette critique peut constituer un point de départ idéal de votre réflexion sur la liberté. « Ce qu'on veut » peut être une pulsion naturelle (boire, avoir des relations sexuelles) – notre liberté individuelle disparaît alors sous l'obéissance au « on » de l'espèce humaine – ou un désir façonné par l'époque (un vêtement de marque, un métier dans la nouvelle économie) et notre liberté « individuelle » s'incline cette fois devant le « on » de la classe sociale, de la société ou de la civilisation occidentale...

84. L'ignorance fait évidemment le lit des despotismes.

exemple. Mais c'est d'abord parce qu'ils apprennent à se discipliner qu'ils pourront acquérir ces savoirs élémentaires.

Cette relation positive à la contrainte est une éducation à ce qu'est la loi. Cette loi que le maître m'impose à moi, enfant, comme il l'impose aux autres, *ressemble* en effet à celle que je devrai être capable de respecter plus tard si je veux être un bon citoyen : une loi qui est *la même pour tous*, et nous permet de vivre ensemble [85].

Le problème est que l'autorité du maître peut être *ressentie* comme arbitraire. Or, nous dit Jean-Jacques Rousseau [86], une telle relation, si jeune, à un pouvoir perçu comme arbitraire peut avoir de graves conséquences : l'enfant risque de croire que tout pouvoir est despotique, et développer des attitudes menaçant sa citoyenneté future.

---

85. Une telle découverte de la loi peut aussi s'entendre au sens moral. Une loi juridique est la même pour tous, à un niveau collectif (ville, pays...). Une loi morale peut être définie comme une loi qui *devrait être la même pour tous* (si tous agissaient moralement), à un niveau non plus collectif mais universel (par exemple, considérer autrui toujours comme une fin et jamais comme un moyen, comme l'explique Kant dans *Critique de la raison pratique*). La loi dictée par le maître ressemble alors peut-être aussi à celle que je devrai être capable de m'imposer plus tard si je veux agir *moralement*. L'école apprendrait donc aux enfants, en les arrachant, par la discipline, à leur impulsivité naturelle, à cultiver en eux le sol de leur moralité. Et ce sol, c'est la raison, par laquelle l'élève comprend la légitimité d'une loi. L'école alors nous *instruit* (*in/struere* : construire l'intérieur) : elle nous permet de construire ce sol où pourra s'élever tout l'édifice de notre vie d'adulte. Qu'apprend-on alors à l'école ? Que nous pouvons devenir moraux.

86. Rousseau, *Émile ou De l'éducation.*

Soit, en effet, l'enfant accepte cette autorité dont il ne comprend pas la légitimité : dans ce cas, il se soumet, renonce donc à sa liberté, et l'école lui inculque alors des habitudes d'esclave. Soit il ne se soumet pas et c'est un rebelle que l'école fait de lui, un être qui risque de penser, presque par réflexe, que tout pouvoir est arbitraire et doit être combattu. Or, ni les esclaves ni les rebelles ne feront de bons citoyens.

Un citoyen participe à la décision politique – le contraire de l'esclave. Un citoyen a l'impression de n'obéir qu'à soi en obéissant aux lois de son pays – à l'opposé du rebelle qui les subit comme des entraves à sa liberté personnelle. Les effets pervers de la discipline, en développant ainsi des réflexes d'esclave ou de rebelle, risquent donc d'interdire à l'école de former de futurs citoyens [87].

Pour que les enfants ne ressentent jamais l'autorité comme arbitraire, il suffit donc que le maître leur explique les *raisons* de toute règle. Il ne doit imposer que ce qu'il est capable de *justifier*. Mais si l'enfant n'est pas en âge de comprendre ? Justement ! C'est parce qu'il ne comprend pas la justification de ce qui lui est imposé qu'il va essayer de la comprendre... et ainsi développer sa raison, sa curiosité intellectuelle. Ce n'est pas le « plus tard, tu comprendras » qui agace tant les enfants lorsqu'il est asséné sans autre commentaire. Même si, en effet, il ne comprendra

87. C'est d'ailleurs pourquoi Rousseau développe une critique de l'école collective et la nécessité, à travers des précepteurs personnels, d'une certaine douceur.

peut-être que plus tard, il s'agit de lui expliquer *dès maintenant* pour que, dès cet instant, se fasse jour en lui l'envie de comprendre. Il s'agit de parler à un enfant comme à un adulte – pour qu'il le devienne plus vite. Ainsi la maîtresse qui fait asseoir sur des bancs assemblés en carré, le premier jour de leur entrée en maternelle, des enfants de trois ans, doit-elle leur expliquer que le respect d'une telle règle permettra non seulement à chacun de s'exprimer, de trouver ses repères, mais aussi à la collectivité de profiter d'un espace de convivialité, et d'un de ces rites grâce auxquels elle sera plus soudée. Plus elle ira loin dans son argumentation, plus elle proposera à ces jeunes esprits des occasions de s'éveiller, et surtout moins elle risquera de créer l'impression d'un pouvoir arbitraire.

Cette discipline imposée à son corps offre ainsi à son esprit une disponibilité, quasiment un *loisir*... la défense de la discipline repose alors sur la belle idée qu'elle donne à l'enfant, et à sa pensée, du temps. En demandant aux enfants de s'asseoir, elle leur demande déjà de réfléchir : elle leur demande de réfléchir à ce pour quoi ils s'assoient. Peut-être l'élève s'ennuie-t-il parfois à l'école, mais au moins ce temps est *pour lui*. Finalement, il peut en faire ce qu'il veut – rêver, réfléchir, s'ennuyer, écouter... Pour cela encore, la force de l'école, c'est bien qu'elle ne ressemble pas à la vie : il faudra, plus tard, pour retrouver ce temps de lire ou simplement de rêver, le voler au sommeil, à sa famille ou à son entreprise. Il faudra se battre, au cœur de toutes ces « choses à faire », pour retrouver un peu de cette disponibilité.

Le pari de l'école républicaine, c'est que cette discipline[88] imposée au corps de l'enfant mais justifiée par des arguments de raison, lui donnera l'envie d'exercer sa pensée. L'école nous apprend d'abord cela : à contraindre une part de nous-même (le corps) pour qu'une autre puisse s'exprimer (la raison).

Une telle défense de la discipline pose toutefois un problème : dire que la discipline favorise l'éveil de l'esprit dans l'instant où elle s'impose au corps, c'est suggérer que le corps est l'ennemi, qu'il pourrait empêcher de penser. C'est bien ainsi d'ailleurs que le conçoit Emmanuel Kant, comme de nombreux philosophes occidentaux rationalistes. L'homme est le seul animal, écrit-il en effet, qui pourrait se détruire s'il ne faisait qu'obéir à ses instincts naturels[89]. Aucun animal n'a donc autant besoin d'une éducation que l'homme. D'où la nécessité d'agir tôt : « Les discipliner, c'est chercher à empêcher que ce qu'il y a d'animal en eux n'étouffe ce qu'il y a d'humain[90] ».

La métaphore mécanique est triomphante : discipliner, écarter le corps, l'animal, faire de la place pour que puisse grandir la raison.

---

88. Elle n'est donc pas un *dressage*, habitude imposée à un corps, mais bien une *discipline*, imposée à un corps dans le moment même où elle est justifiée en raison, éveillant en cela la raison de l'enfant.

89. Et qui pourrait même détruire son espèce, ce qui est particulièrement visible, comme il le remarquait déjà, au niveau des relations internationales Kant, *Projet de paix perpétuelle*, Vrin.

90. Kant, *Traité de pédagogie*, Vrin, p. 42.

C'est bien ici que surgissent les limites de cette pensée de l'école. Car l'homme n'est pas une machine composée de deux parties, un corps que nous pourrions éteindre, comme en appuyant sur le bouton *off*, et une raison qui s'en trouverait, mécaniquement, libérée. Cet « animal », cette nature ou ces pulsions ne peuvent être simplement écartés. Il est impossible d'éradiquer une partie de soi. Elle ne va être ni « écartée » ni « étouffée » mais bien plutôt *refoulée*, ce qui signifie qu'elle cherchera à s'exprimer autrement. Il faut donc lui proposer des occasions de s'exprimer.

Or, un maître simplement autoritaire et juste ne suffit pas à satisfaire cette vie refoulée (agressivité, désir de toute-puissance, énergie vitale...), qui aspire pourtant à revivre autrement. L'expérience le montre tous les jours : un tel maître échoue souvent à intéresser ses élèves [91].

Il n'y a donc aucune raison que la discipline suffise à faire émerger ce désir hypothétique et complexe qu'est le désir de savoir.

Enfin, si le corps ne peut être considéré comme l'ennemi, c'est aussi parce que la joie d'apprendre n'est pas *simplement* intellectuelle : l'être semble plutôt éveillé dans son unité, irradié tout entier par ce désir d'apprendre et la joie qui le couronne. Lorsqu'un œil s'allume de curiosité intellectuelle, c'est le corps entier qui se tend avec le doigt qui se lève.

91. Nombreux sont même les élèves qui développent à l'école, face à ce genre de maîtres, différentes pathologies comme autant d'expressions de ce qui est refoulé.

C'est un tel éveil que l'école doit nous apprendre, nous faire découvrir. Mais comment ?

2. *Nous apprenons, à l'école, à être reconnus.*

Puisque l'école aspire à faire naître ou grandir ce désir du savoir, il faut donc qu'y soit préservée, d'une manière ou d'une autre, une dynamique du *désir*[92].

Or, cette rencontre des autres que l'école inaugure est de nature à susciter en l'homme un désir, qui n'est peut-être pas *directement* le désir de savoir, mais qui peut le générer. Cet autre, mon camarade de classe, je le rencontre aussi comme celui dont j'ai besoin pour assouvir un désir profond, qui est peut-être le premier de tous mes désirs et le moteur de mon existence : le désir de reconnaissance.

La première année de maternelle se clôt souvent par une remise des « travaux » : les dessins, coloriages, cahiers... sont alors présentés. Bienvenue dans le monde de l'objectivité : des objets sont soumis à l'évaluation d'un public. Plus tard, les copies seront rendues elles aussi publiquement, des élèves iront au tableau, exposés au jugement des autres. C'est à l'école que nous apprenons le poids du regard de l'autre sur notre œuvre. Cet autre n'est pas simplement un témoin de la règle commune. Il est un témoin de ma valeur. Voilà d'ailleurs à quoi vont servir les

---

92. Le désir peut être défini comme une tendance spontanée et consciente vers un objet, comme un mouvement de l'être vers quelque chose qui lui manque.

contenus de savoir dispensés à l'école. L'enfant ne se tourne pas vers ce qu'il apprend de façon *désintéressée*. L'existence même des notes le prouve d'ailleurs : nous les recevons *en échange* du savoir. L'enfant qui apprend à lire recherche au moins autant à savoir lire qu'à être reconnu comme quelqu'un qui sait lire. C'est parce que nous désirons *d'abord* être reconnus que nous allons désirer le savoir comme un moyen d'obtenir cette reconnaissance. Le désir de savoir n'est peut-être pas naturel, mais notre désir de reconnaissance, lui, l'est probablement...

Un tel désir de reconnaissance objective de soi constitue même, explique Hegel, la différence essentielle entre l'homme et l'animal ! L'animal cherche à satisfaire son désir. L'homme aussi, mais cela ne lui suffit pas. Il exige la satisfaction de son désir *et* la reconnaissance par les autres hommes de la valeur de son désir. Ainsi Roméo et Juliette ne se satisfont-ils pas de leur amour réciproque. Leur malheur, ce malheur qui va les tuer, vient de ce que leur amour n'est pas reconnu par les autres – la *valeur* de leur amour n'est pas reconnue. S'ils meurent, c'est d'un manque de reconnaissance. L'école offre à l'enfant, pour la première fois, d'une façon publique et objective, cette possibilité : sa valeur y rencontre un cadre où être reconnue, *objectivée*, fixée dans des objets – copies, bulletins, exposés.

Cette reconnaissance objective de soi, ce n'est pas dans la famille que l'enfant peut l'obtenir, puisque l'enfant y est, ou devrait y être, aimé *subjectivement*, afffectueusement, indépendamment de ce qu'il fait. Cette possibilité de reconnaissance, c'est ce *quelque chose de plus* qu'apporte, à travers l'école, l'État. L'école en effet nous éduque mais au sens, encore une fois, étymologique : elle *conduit hors* de la famille.

Le « Est-ce que tu ferais ça chez toi ? », qu'affectionnent tant les professeurs dépassés par leurs élèves, éclate alors dans toute sa bêtise. Ce n'est plus ici parce que la discipline doit être justifiée par un raisonnement et non par un fait que cette question est si vaine. C'est parce l'école a justement pour tâche de conduire l'élève hors de chez lui, dans ce dehors qu'est l'école, où il va pouvoir assouvir son désir de reconnaissance, indépendamment justement de tout ce qui se passe chez lui, des revenus de ses parents, de ses habitudes familiales... Renvoyer l'enfant à son « chez lui », c'est le renvoyer chez lui, c'est déjà le renvoyer de l'école.

Qu'apprend-on à l'école ? Que notre valeur justement doit sortir de « chez soi », monter sur l'estrade du vaste monde, s'*exposer* au tableau [93].

Dans certaines familles, les enfants ne disposent même pas d'une tablette pour leurs devoirs, dans d'autres ils reçoivent tant d'amour qu'ils n'éprouvent nul besoin de prouver leur valeur, dans d'autres encore ils sont déjà jetés dans une lutte sans merci pour la reconnaissance. L'école, il est vrai, a vocation à égaliser ces conditions. Mais ce n'est pas *d'abord*

93. Contrairement à ce que laisse croire le sens courant de l'« éducation » voire de la « bonne éducation », l'école ne doit pas nous inculquer *des valeurs* sociales ou morales (ce serait plutôt le rôle de la famille), mais bien plutôt nous apprendre ce qu'exige notre valeur *individuelle*.

pour initier à la loi, ou à la citoyenneté. C'est pour donner à chacun la *chance* de se trouver, de reconnaître sa valeur singulière au travers de ces réalisations sorties de soi pour figurer ce « soi » devant les autres, et grâce à eux. Ces réalisations accrochées aux murs de la classe de maternelle sont bien des réalisations de soi, d'un être qui se découvre peu à peu au contact du monde, de l'action et des autres. Les enfants qui apprennent à écrire commencent souvent par apprendre à écrire leur prénom et leur nom. Comment dire plus clairement que ce qu'on apprend à l'école permet de prendre conscience de soi ? De même, les premières rédactions sont souvent des récits de vacances personnels, des souvenirs d'enfance singuliers. C'est suggérer encore que cette identité, intime, subjective, est à l'école en quête d'une objectivité : d'une reconnaissance. Demander à un adolescent de raconter, dans une copie, ses vacances en famille ou son enfance, c'est bien à l'évidence lui demander de sortir de sa famille, comme d'ailleurs de son enfance, pour quêter à l'école la reconnaissance objective de tout ce qui s'y est joué. L'école nous apprend moins à colorier ou à disserter que le besoin du coloriage ou de la dissertation pour prendre conscience de soi.

Cette violence du besoin de reconnaissance nous permet de comprendre pourquoi les hommes, toujours si prompts à idéaliser l'objet de leur désir, ne sont finalement, lorsqu'ils l'obtiennent, jamais satisfaits. Parce que ce qu'ils désirent vraiment, ce n'est pas le bac avec mention, ni cette école de commerce, ni cet emploi de cadre supérieur, mais la reconnaissance qui se situe toujours au-delà. Les hommes sont en proie à une insatisfaction perpétuelle, disait déjà Platon : les objets de leur désir se succèdent parce que le seul objet qui comblerait enfin leur attente serait l'éternité. Cet objet, pour G. W. F. Hegel, c'est la reconnaissance. Mais est-ce si différent ? Ce désir de reconnaissance plonge ses racines dans notre inquiétude existentielle. Si nous étions éternels, nous ne lutterions pas ainsi pour la reconnaissance. C'est parce que nous sommes mortels que nos vies sont tendues vers cette reconnaissance, et vers ces autres hommes à qui nous voulons l'arracher. L'école nous apprend que la réalisation de soi peut tenir lieu de réponse à notre inquiétude existentielle. Elle nous apprend que nos œuvres, même les plus petites, sont des morceaux déjà de notre mort apprivoisée. L'école est nécessaire parce que l'amour d'une mère ou la chaleur d'une famille ne peuvent suffire à apaiser une telle angoisse. Comment les mères le pourraient-elles ? Elles ont donné la vie à des êtres destinés à la mort... Nous n'allons pas à l'école d'abord pour apprendre des contenus, ni pour découvrir cette loi et cette discipline qui rendront notre raison capable d'apprendre. Nous y allons pour rencontrer la raison même d'apprendre ces contenus : ce désir de reconnaissance dont l'urgence, dans la famille, se faisait moins sentir, parce que les parents ont déjà « reconnu » l'enfant, et parce qu'ils font barrage à la violence du monde. Mais la guerre déjà gronde pour la reconnaissance. Cette lutte pour la reconnaissance prend bien sûr le prétexte d'un rapport aux contenus enseignés à l'école. Ainsi, par exemple, du conflit d'interprétation d'un texte littéraire ou d'un sujet de philosophie. Prendre la parole pour dénoncer la superficialité de la prose de Boris Vian, contre ceux qui y voient un authentique poète, c'est engager dans ce débat sa propre valeur. Non seulement chacun demande aux autres de reconnaître son interprétation comme valable, mais chacun exerce sa pensée au contact de celles des autres. Nous avons besoin de ceux avec lesquels nous sommes en conflit. L'école nous apprend que nous n'y échapperons pas. Elle nous apprend le sens de la lutte ; elle nous y prépare.

On dit parfois d'un homme qu'il « s'est fait tout seul ». Mais on ne se fait jamais tout seul. Ce qui nous « fait », c'est la reconnaissance des autres. Celle-là même que cet homme, dont les autres répètent « qu'il s'est fait tout seul », ou qu'il a « fait l'école de la vie », a justement obtenue. « Autrui est le médiateur entre moi et moi-même », résumait très bien Jean-Paul Sartre[94]. Nul miroir dans son *Huis clos* : seul le regard de l'autre nous renvoie à nous-mêmes. « L'enfer, c'est les autres », parce que nous dépendons d'eux, totalement. Jean-Paul Sartre voulait nous montrer ce que c'est qu'un monde sans Dieu. Si Dieu n'est plus là pour nous dire ce que nous valons, ne restent que les autres hommes. Si Dieu n'est plus là pour nous remplir de la certitude subjective d'être sa créature, ne reste que ce besoin impérieux de prouver, objectivement, sa valeur. Il n'y a pas de

94. La philosophie de Sartre est en grande partie inspirée de celle de Hegel.

miroir non plus dans une salle de classe. C'est dans les yeux des autres que nous devons chercher à nous reconnaître. L'école nous apprend ce qu'est un monde sans Dieu.

« Un homme n'est que la somme de ces actes », conclura Jean-Paul Sartre[95]. L'école devrait nous apprendre que nous ne sommes ni des bourgeois ni des prolétaires, ni des élèves *naturellement* doués ou paresseux, mais la somme de nos œuvres, de tous ces engagements que l'école nous apprend à exposer – au tableau, dans nos copies, nos relations avec les autres.

Évidemment, nombreux sont ceux qui souffrent à l'école, nombreux ceux qui la rejetèrent avant de devenir des comiques à succès, des écrivains reconnus, de se réaliser dans leur voie... Mais peut-être ce rejet les obligea-t-il justement à chercher ailleurs une reconnaissance indispensable[96].

Ainsi l'école, tout en s'opposant à certains des désirs premiers de l'enfant, favorise-t-elle néanmoins une dynamique du désir : le désir de savoir serait ici rendu nécessaire comme condition de la satisfaction de ce désir plus profond qu'est le désir de reconnaissance. C'est le désir de reconnaissance qui appelle le désir de savoir. C'est comme une *ruse de la culture* : la curiosité intellectuelle se greffe sur l'urgence de

95. Sartre, *L'Existentialisme est un humanisme*, Folio essais.

96. Quant aux autres, qui ne l'ont pas obtenue, ils demeureront dans le cercle clos de leurs certitudes ou de leurs doutes subjectifs, condamnés, même au cœur des joies de leur existence, à l'épreuve d'un manque radical. Ils souffriront toute leur vie de ce manque.

notre besoin[97] naturel de reconnaissance. L'école nous propose donc de nous ouvrir au savoir pour obtenir la reconnaissance des autres hommes. Qu'apprend-on à l'école ? Que la culture (les contenus) peut être une façon de satisfaire sa nature (ce besoin de reconnaissance) – bref, que nous avons besoin de culture.

Cette culture, bien sûr, est plus qu'une somme de connaissances, qu'un « bagage culturel ». L'école nous ouvre au *principe* même de la culture humaine : ce besoin de trouver ailleurs que dans sa famille (ailleurs que dans la nature donc) la satisfaction de ce qui nous travaille.

L'interdiction de l'inceste, en nous obligeant à trouver ailleurs que dans notre famille une satisfaction à notre désir sexuel, nous jetait déjà dans l'aventure de la culture et de la rencontre de l'autre. Pareillement, le fait que la satisfaction de notre désir de reconnaissance n'ait pas sa place dans la famille nous oblige à chercher au-dehors cette reconnaissance. L'école nous apprend que nous n'avons pas le choix : nous devons sortir de chez nous pour accomplir notre désir.

97. Il ne s'agit certes pas d'un besoin au même titre que le besoin de boire ou de dormir. Hegel montre toutefois que, pour une conscience humaine, il s'agit d'un besoin impérieux qui, non satisfait, laisse la conscience dans un manque qui peut être mortel. Le terme de besoin est donc légitime. Voici déjà une invitation à dépasser la position dualiste : comment continuer à séparer le corps et l'esprit quand les activités intellectuelles participent de la satisfaction d'un *besoin* de reconnaissance ?

3. L'école doit nous apprendre à désirer le savoir.

Qu'est-ce que cela fait à une petite fille de quatre ans d'apprendre à lire ? À un adolescent de connaître un poème de Baudelaire ?

L'adolescent a dû, c'est vrai, discipliner ses impulsions pour apprendre ce poème. Sa connaissance, c'est vrai aussi, participera probablement d'un processus de reconnaissance. Mais ce n'est pas la seule relation du savoir à *sa* vie.

À l'école, l'élève apprend des savoirs qui ont une influence sur lui. Mais une influence sur quoi ? Sur sa vie, sur l'intensité et la complexité de son existence (d'« homme libre ») ? Ou sur sa vie active, son futur métier (de « travailleur qualifié ») ? La fillette vit plus intensément grâce à l'apprentissage de la lecture ; c'est tout son être au monde qui s'en trouve changé. Se rendant à l'école, elle reconnaîtra dans la rue, sur des panneaux ou des devantures de magasin, les lettres de son prénom, puis elle en comprendra le sens. Ce sont des pans entiers de son environnement qui scintilleront soudain. L'adolescent aussi, récitant Baudelaire, mettra des mots nouveaux sur ses affects et les éprouvera, en conséquence, différemment. Son mal-être éventuel, revêtu de la notion baudelairienne du spleen, sera ressenti autrement, mieux peut-être.

Pourtant, c'est la référence au métier futur et à la « vie active » que l'époque semble vouloir privilégier[98], la formation, donc, de « travailleurs qualifiés », capables de trouver un emploi. Cela pourrait sembler salutaire en période de chômage mais constitue souvent une solution illusoire. Car les élèves, n'apprenant alors qu'un seul métier, rencontrent de grandes difficultés, dans un contexte professionnel instable, à en trouver un autre[99]. L'école, en visant à ce point le marché du travail, s'interdit alors de former des « hommes libres », d'abord au sens où leur liberté sur le marché de l'emploi lui-même s'en trouvera réduite, ensuite parce qu'ils n'auront pas la chance de découvrir cette forme de liberté et de vie qui se nourrit du savoir, et que l'école a aussi vocation à nous apprendre. Comment ne pas remarquer d'ailleurs qu'à mesure que cette école se changeait en une classe préparatoire à la « vie active » les élèves y devenaient de plus en plus *passifs* ?

Les connaissances ont pourtant une autre fonction, qui pourrait être justement, loin de nous rendre passifs, ou de nous préparer simplement à la « vie active », d'*activer* la vie en nous. Les connaissances ne sont pas neutres, elles ont des effets sur une vie, qui peuvent être positifs ou négatifs selon la façon

98. À en croire la multiplication des bacs professionnels et technologiques (bacs professionnels : aiguillage en troisième vers un bac mécanique, plomberie... bacs technologiques : STT, STI, SMS..., actuellement la moitié des bacs au niveau national).

99. Dire qu'à l'école l'élève apprend des compétences peut donc aussi l'enfermer dans une seule voie et cantonner l'école à n'être qu'une antichambre de l'entreprise. L'explosion du vocabulaire managérial dans les nouveaux programmes, notamment de français, achevant d'ailleurs de nourrir notre méfiance.

dont elles sont enseignées[100]. Co-naître, c'est naître avec. Apprendre à lire, c'est comme une nouvelle naissance. Connaître Baudelaire, c'est renaître avec lui. Ainsi un cours de français sur le spleen baudelairien peut-il avoir sur l'adolescent fragile des conséquences existentielles très diverses. Présenté scolairement, par un professeur simplement sec et dynamique, il pourra le désespérer plus encore. Mais il pourra aussi le réconforter en lui montrant ce que son état recouvre de profondément humain, voire le remplir d'une forme de fierté, là même où il n'éprouvait auparavant que honte, à être par son mal-être le fils spirituel de Baudelaire. L'école lui aura alors appris que le savoir peut aider à mieux vivre, que vivre et penser ne sont pas choses séparées.

C'est ce que Friedrich Nietzsche montre de façon éblouissante, en prenant l'exemple des connaissances historiques[101]. Ses contemporains sont ainsi fascinés par l'Histoire, le passé. Friedrich Nietzsche compare la façon dont ils vivent leur passion pour la connaissance à la manière dont les Grecs de l'Antiquité la

---

100. Mais pour comprendre la nature de cette relation du savoir à la vie, il faut d'abord s'interroger sur ce qu'est une connaissance, et pour cela lutter contre les obstacles que de multiples expressions du langage courant posent devant nous. On parle ainsi de « bagage culturel », comme si les connaissances étaient cela que nous transportons, qui nous pèse, et non cela même qui nous transporte. On parle aussi de « culture générale », comme si la culture n'était pas toujours particulière dans ses effets sur une existence elle même particulière.

101. Dans la *Seconde Considération intempestive*, Garnier-Flammarion, au sous-titre explicite, « De l'intérêt et de l'inconvénient des études historiques pour la vie ».

vivaient. Les épicuriens, par exemple, développèrent une physique atomiste centrée sur l'idée du hasard. La conséquence fut directement *existentielle* : ils goûtèrent, chaque jour, ce bonheur simple d'exister, d'avoir été « choisis par le hasard ». Les connaissances des contemporains de Nietzsche, au contraire, ont pour seul effet de les enfoncer dans une vénération vaine du passé et un immobilisme « petit-bourgeois ». Ils admirent les grands « monuments » du passé mais ils n'en font rien au présent. Leurs connaissances ressemblent à des bibelots qu'on époussette une fois par mois. Ainsi leur savoir sclérose-t-il leur vie, leur imagination autant que leur action ; il la « momifie », conclut Friedrich Nietzsche. C'est un savoir qui hait la vie, une *érudition*, cette somme de connaissances inutiles que l'on possède comme un antiquaire son mobilier d'époque[102].

La question n'est donc pas tant de connaître des contenus de savoir que de savoir comment les recevoir. C'est ici bien sûr que le rôle de l'école est décisif. Car nous avons tous en nous ces instincts mêlés, certains morbides, d'autres vitaux, qui peuvent être tour à tour flattés par le savoir. Un professeur de philosophie qui ne dispense qu'un cours d'histoire des idées, enchaînant, d'une façon non reliée aux attentes du présent, les philosophes des Lumières françaises et les philosophes romantiques du XIXe allemand, flatte

102. Le contemporain de Nietzsche s'étiolant dans sa vénération du passé assouvit, à travers son activité intellectuelle, un instinct profond qui est en fait la peur – peur de l'inconnu, peur du nouveau et donc de la vie.

finalement dans l'élève un instinct morbide : en lui parlant de contenus de pensée mais en lui suggérant de fait que ces contenus, qui semblent alors simplement correspondre à différentes périodes historiques, ne changeront rien à sa vie présente, il éteint en lui l'aspiration à vivre plus ou mieux. Il lui fait croire que savoir et vivre sont deux choses séparées. Au contraire, si ce professeur montre comment la philosophie des Lumières implique que la grandeur de l'homme se joue dans sa responsabilité à l'égard des plus faibles (enfants, nature, animaux...), et souligne que cette responsabilité est d'autant plus cruciale aujourd'hui que l'homme dispose de possibilités techniques inouïes (sélection d'embryons, OGM...), alors son cours sur les Lumières aura peut-être pour effet de rendre ses élèves effectivement plus responsables, plus respectueux de leur environnement, voire, quand viendra pour eux l'heure d'être parents, plus conscients de ce que cela implique. Alors ce professeur aura enseigné bien plus que les Lumières ou le romantisme allemand, il aura montré que les connaissances ont ce pouvoir de changer la vie.

Lorsque les Grecs approfondirent leur connaissance des mœurs sociales et politiques de leurs voisins, notamment de Macédoine, ils y puisèrent l'inspiration pour vivre autrement, devenir cette « civilisation artiste [103] », et faire jaillir du neuf dans l'histoire. Ils inventèrent alors la démocratie et la

---

103. Friedrich Nietzsche, *Seconde Considération intempestive*, GF-Flammarion.

philosophie[104] qui changèrent jusqu'au visage de leurs journées. De même l'élève de terminale qui trouve dans le cours sur les Lumières des raisons de trier ses déchets reçoit-il les connaissances d'une façon vivante, vitale, existentielle donc.

Il apprend, à l'école, que les connaissances servent à vivre plus intensément et pas à trouver un travail. C'est justement pour cette raison qu'elles permettront d'en trouver un, comme d'en changer ensuite. Si l'école nous apprenait simplement cette relation complice du savoir à la vie, elle accomplirait sa mission la plus précieuse car l'élève pourrait ensuite, toute sa vie, éprouver ainsi sa relation au savoir. Et même si la vie devait le contraindre à un travail alimentaire, il pourrait retrouver le soir cette relation complice du savoir à la vie, dans le métro qui le conduit à son travail, en vacances... Il suffit en effet de l'avoir compris une fois – de l'avoir *vécu* donc – pour n'avoir plus besoin de maître pour nous tenir la main. L'école nous apprendrait alors à nous passer de l'école. Une éducation réussie se reconnaît bien ainsi : nous n'avons plus besoin de ceux qui nous ont éduqués.

Voilà pourquoi il est si grave que l'école actuelle, en continuant à privilégier des enseignements techniques par définition rapidement obsolètes, condamne ses anciens élèves à la nécessité d'une formation

---

104. Leurs connaissances ont flatté alors non l'instinct de peur mais un autre instinct que Nietzsche nomme l'*instinct de l'art*, et qui s'oppose à la peur comme la pulsion de vie s'oppose à la pulsion de mort.

professionnelle ultérieure : au lieu de leur apprendre qu'ils n'auront plus besoin de personne pour avoir envie d'apprendre, elle risque de leur « apprendre » qu'en plus de n'avoir été que « formés », et même « formatés », ils auront besoin de l'être de nouveau, bref, de créer des êtres *dépendants*[105].

Nous nous sommes demandé si le désir de savoir était naturel. Difficile de répondre. Les enfants témoignent certes d'une curiosité naturelle, s'exprimant à travers leurs « pourquoi ? » répétés, mais les hommes, si souvent, semblent préférer ne rien savoir... Un tel désir de savoir n'est peut-être pas naturel, mais il

---

105. En perdant de vue la dimension existentielle de savoirs généralistes, en se focalisant sur la dimension professionnelle de compétences, l'école actuelle formera ces êtres acculturés et provisoirement spécialisés dont l'économie a besoin : cette thèse est développée avec brio dans *La Fabrique du crétin* de Jean-Paul Brigheli (éditions Jean-Claude Gasewitch), pamphlet efficace et informé sur l'école d'aujourd'hui. Comment ne pas remarquer que l'école, à force de vouloir coller aux changements de la vie active (sections spécialisées, stages en entreprise dès le collège...) ou simplement de la société (vocabulaire démagogique des professeurs, appauvrissement des programmes), y prépare de moins en moins ? Ce propos ne doit pas être mal interprété. Les filières professionnelles ou techniques sont bien sûr légitimes, souvent efficaces, et elles peuvent d'ailleurs permettre à des élèves d'obtenir par ces compétences mêmes cette reconnaissance dont nous venons de souligner l'importance. Nous disons simplement ici que l'école ne peut s'en tenir là et qu'elle doit aussi, dans ces sections, ne pas démissionner sur les savoirs généralistes. À titre indicatif, les élèves de TSTT ont deux heures de philosophie ou d'histoire par semaine pour neuf heures d'action commerciale, et ces savoirs généralistes sont totalement absents des filières profes-

plonge ses racines dans des instincts qui, eux, le sont. Friedrich Nietzsche a, génialement, *vu* les instincts profonds à l'œuvre dans nos activités intellectuelles ou spirituelles. Il a eu l'intuition de leur caractère inconscient[106]. Mais Friedrich Nietzsche, mort en 1900, à l'heure où naissait la psychanalyse, ne pouvait aller plus loin. Il n'a pas détaillé la façon dont ces instincts sont capables, sous certaines conditions, de se *transformer* en désir de savoir – la façon dont la vie du corps peut se métamorphoser en vie de l'esprit.

Or, ces instincts[107] évoqués par Nietzsche (peur, vitalité...) ressemblent étrangement à toutes ces impulsions agressives, possessives, sexuelles, qui se trouvent d'abord interdites dans la salle de classe. L'école qui apprendrait à l'élève cette relation du savoir à la vie serait donc cette école capable de déclencher cette *transformation* de ces instincts censurés *en* désir de savoir.

Une telle transformation n'est possible que sous certaines conditions :

La première, c'est bien la discipline. Sans elle, l'énergie des pulsions agressives, sexuelles... serait

---

sionnelles. Ce n'est pas parce que l'école forme des comptables ou des mécaniciens qu'elle doit les priver d'enseignement philosophique ou historique.

106. Voir Friedrich Nietzsche, *Ainsi parlait Zarathoustra*. Le « consciencieux », en effet, ne *sait* pas que sa connaissance encyclopédique du cerveau de la tarentule trahit en fait sa peur de l'inconnu.

107. Que Nietzsche ordonne en deux groupes, l'instinct de la peur et l'instinct de l'art – distinction qui annonce celle de Freud entre les pulsions de mort et les pulsions de vie.

dépensée telle quelle. Il ne leur serait donc pas possible d'être transformées. Grâce à elle, au contraire, cette énergie, refoulée, vient constituer une réserve libidinale cherchant à s'exprimer. C'est donc la condition première de son hypothétique transformation [108].

La deuxième condition, c'est que l'école favorise le désir de reconnaissance, capable d'engendrer une envie de savoir, et donc, peut-être, de fournir l'énergie de cette transformation. Mais si le maître n'est que sévère et juste, l'élève risquera de vouloir obtenir la reconnaissance ailleurs que dans ce cadre austère [109].

La troisième condition, décisive donc, c'est que le maître sache *donner envie à l'élève* – donner envie de savoir. Il faut que sa manière d'enseigner déclenche ce désir. Comment ? En montrant l'exemple ! Il doit être lui-même exemplaire de cette complicité du savoir et de la vie, être cette complicité faite homme, sa preuve *vivante* et non théorique. Les élèves doivent sentir qu'ils ont face à eux un homme que le savoir a changé, et rendu plus vivant, un professeur de lettres, par exemple, qui aurait pu mal tourner s'il n'avait

108. Condition nécessaire, mais pas suffisante. Car cette discipline qui interdit aux pulsions leur satisfaction naturelle ne leur propose *aucune satisfaction alternative*. C'est d'ailleurs pourquoi elle est si souvent rejetée.

109. Peut-être aussi ce désir de reconnaissance objective grandit-il avec l'âge. L'adolescent se complaît souvent dans l'idée qu'il n'a rien à prouver. L'école ne sera alors ni le cadre d'émergence du désir de savoir ni, en conséquence, celui de la transformation de ces instincts refoulés en désir de savoir.

rencontré la poésie. Pas simplement cet homme autoritaire et juste, mais cet homme plein de ce que les Grecs appelaient le *charme* : étymologiquement, ce qui donne envie. Une personne qui a du charme nous donne envie d'être à notre tour charmants [110]. En incarnant la possibilité d'une *relation existentielle au savoir*, un tel maître nous donne envie de changer, nous aussi, au contact du savoir. Il nous ouvre de nouvelles possibilités de vie. Une telle « exemplarité » du maître ne signifie surtout pas que le maître soit un modèle clé en main, qu'il suffirait de copier, encore moins un exemple au sens moral. Simplement, par ce qu'il montre, dans son enseignement, de la façon dont son savoir lui permet de vivre l'intensité de son existence, il suscite en lui un désir, non pas d'être comme lui, mais de tenter lui aussi, à sa façon, de se développer au contact du savoir, de *vivre* sa culture, loin de simplement la posséder comme un bagage ou un « vêtement bourgeois [111] ».

À l'autorité du maître, qui impose la discipline et le refoulement des pulsions, il faut donc ajouter le charme. L'autorité du maître impose à notre vie de ne pas s'exprimer sous sa forme naturelle. Son charme, parce qu'il nous donne envie, lui propose de s'exprimer sous une autre forme : celle du désir de

110. C'est la différence entre la séduction et le charme : la séduction nous manipule, le charme nous rend meilleur, la séduction nous vide, le charme nous remplit.

111. Nietzsche écrit ainsi, dans la *Seconde Considération intempestive*, évoquant le rapport des Allemands au savoir historique que « la culture historique et le vêtement bourgeois règnent en même temps ».

savoir. Et il opère d'autant mieux que le désir humain est mimétique[112]. Nous désirons toujours ce que l'autre désire. Le désir du maître pour la connaissance, comme d'ailleurs celui de ses camarades de classe, va nourrir celui de l'élève. Et cette vie première, jaillissante et pulsionnelle, qui est la sienne lorsqu'il entre à l'école, va pouvoir se métamorphoser en curiosité intellectuelle. Dès lors, ce que le maître transmet en même temps que le savoir, c'est la joie qui l'accompagne et qui peut-être apporte à l'objet de connaissance ce qui lui manquait pour être vraiment *attirant*[113] – pour attirer à lui l'énergie libidinale.

L'école ne nous apprend donc pas à dompter notre agressivité, à éteindre notre libido, ou à « étouffer l'animal » en nous, mais à les utiliser comme l'énergie même de notre intérêt neuf pour les choses de l'esprit. Il faut pour cela que nos affects ou pulsions, d'abord censurés, soient en effet capables d'une telle métamorphose. Or, les affects humains, au contraire des instincts animaux, sont justement définis par cette possible transformation[114]. C'est une des grandes découvertes de Freud. L'instinct sexuel

112. C'est la notion centrale de l'œuvre de René Girard (voir notamment *La Violence et le Sacré*, Grasset, 1972, p. 217-218), mais développée avec beaucoup plus d'ampleur déjà par Spinoza, *Éthique*, III, particulièrement lorsqu'il analyse l'amour et la joie.

113. Cette joie apporte selon Aristote sa perfection à l'objet de connaissance.

114. C'est là une des découvertes majeures de Freud. Voir chapitre « Pourquoi la beauté nous fascine-t-elle ? ».

d'un mammifère non humain ne peut être satisfait que sexuellement. L'instinct sexuel ou agressif d'un *humain* peut être satisfait autrement que sexuellement ou agressivement : intellectuellement, esthétiquement... La *sublimation* désigne ainsi chez Freud la transformation d'une énergie sexuelle ou agressive refoulée en plaisir esthétique, en énergie créatrice ou en intérêt intellectuel [115].

Regardons maintenant ces enfants turbulents arriver à l'école, s'asseoir et s'éveiller peu à peu au plaisir de savoir... Comment ne pas voir que c'est *la même vie*, mais s'exprimant sous une autre forme ?

Le rapport entre ces désirs interdits et le désir de savoir n'est donc pas *mécanique*. Il ne s'agit pas d'écarter la vie mauvaise pour que puisse grandir la vie bonne. Parce que la vie est *une* mais susceptible de métamorphoses, le rapport se laisserait plutôt penser à travers une métaphore *chimique* : cela même qui est interdit se métamorphosant en désir de savoir, les instincts censurés étant capables de changer de forme, de se changer en curiosité intellectuelle à la manière de l'eau qui se change en gaz. L'agressivité, la sexualité, la possessivité refoulées viennent fournir l'énergie du désir de savoir. L'eau, portée à ébullition, se change en gaz, mais c'est toujours du H_2O. Le petit garçon bagarreur, éveillé par sa maîtresse, s'assoit et lève le doigt pour poser une question, mais c'est toujours sa vie qui bat.

---

115. Freud l'a suggéré plusieurs fois, sans il est vrai développer. Lacan le fera pour lui, dans son séminaire *L'Éthique de la psychanalyse*, Éditions de l'Association freudienne internationale, tout entier consacré au principe de la sublimation.

L'Éducation nationale hier s'appelait l'instruction publique. L'école en effet *éduque* et *instruit* mais en deux sens maintenant redéfinis :

Elle éduque (*ex/ducere :* conduire hors), conduit le désir hors de sa destination initiale (sexuelle, agressive...), vers une destination nouvelle : le savoir.

Elle instruit aussi (*in/struere,* construire l'intérieur) : elle construit cette possibilité au fond de notre corps d'un désir se métamorphosant, non d'une raison triomphant du désir, mais d'un désir devenant raison, d'*un désir se faisant une raison.*

Aller à l'école, apprendre à penser, c'est apprendre la possibilité de cette métamorphose de notre libido. Apprendre à raisonner, c'est apprendre que notre vie peut résonner d'une manière nouvelle. « Peut mieux faire », lit-on souvent sur les bulletins. *Peut mieux faire de son désir*, devra-t-on maintenant entendre.

L'école doit nous apprendre à désirer le savoir. Sans ce désir de savoir, nous ne supporterions pas la violence de la discipline, et nous n'obtiendrions pas la reconnaissance que nous cherchons à l'école.

Idéalisme déplacé ? « Ce n'est pas avec ce désir de savoir qu'on trouve un travail ni qu'on forme des citoyens », entendra-t-on maugréer tous ceux qui préfèrent laisser le désir de savoir aux grands lycées parisiens et l'école des compétences techniques au reste de la France. Mais les choses humaines sont un peu plus complexes : souvent, nous n'atteignons certains buts qu'en en poursuivant *d'abord* d'autres.

L'école préparerait mieux à la vie active et à la citoyenneté si elle ne renonçait pas si souvent à faire naître le désir de savoir.

Il suffit de prendre un TGV au mois d'août pour mesurer la fragilité d'un tel désir. Les hommes y jouissent soudain d'un temps propice à la culture, mais ce sont surtout, sur leurs genoux, *Gala*, *Closer*, *People*... qui s'étalent. Tous ces « contenus », au mieux les distrairont, mais ne changeront rien à leurs vies, à leurs idées ou à leurs sentiments.

L'école ne nous apprend pas *d'abord* des savoirs – les manuels pourraient suffire.

Elle ne nous apprend pas *d'abord* à vivre – la vie s'en charge très bien.

Mais elle doit nous apprendre la complicité du savoir et de la vie.

VENDREDI

Faut-il croire en Dieu ?

« Mon Dieu, mon Dieu, pourquoi m'as-tu abandonné ? »

Jésus, sur la croix.

« L'étranger », dans le roman d'Albert Camus, est un homme que rien ne semble affecter radicalement, ni la mort de sa mère, ni celle de l'Arabe qu'il tue à coups de couteau. Le soleil parfois le réchauffe, parfois lui est insupportable. Difficile de savoir ce qu'il attend de la vie. Il lui est beaucoup reproché, lors de son procès, de n'avoir pas pleuré à l'enterrement de sa mère. C'est même probablement cette absence de larmes qui le condamne à mort. Mais la vie ne l'accroche pas plus que cela. Le monde est absurde ; il ne croit pas en Dieu. Le seul moment où il s'emporte vraiment, c'est lorsque l'aumônier lui rend visite, dans sa cellule, pour lui parler de Dieu.

S'il avait cru en Dieu, les choses auraient-elles été différentes ? Aurait-il éprouvé du remords suite au meurtre de l'Arabe ? Aurait-il trouvé plus de sens à ce soleil si blanc ?

S'il avait cru en Dieu comme origine du monde, en aurait-il éprouvé ainsi l'absurdité ?

S'il avait eu simplement en lui l'idée de Dieu, même une vague idée, même sans en être sûr, aurait-il couché avec cette femme si peu de temps après l'enterrement de sa mère ? N'aurait-il pas alors redouté, ne serait-ce qu'un instant, d'agir sous l'œil de Dieu ? Il l'aurait peut-être fait quand même... Mais l'aurait-il vécu pareillement ?

Ces questions le suggèrent déjà : le problème n'est pas tant celui de l'existence de Dieu que celui des conséquences de la foi sur nos vies bien réelles. Faut-il croire en Dieu... pour être heureux ? Pour être vraiment... un homme ? Croire en Dieu prouve notre capacité à nous représenter quelque chose qui n'est pas là, observable, devant nos yeux. C'est en ce sens une immense liberté – par rapport au réel, au donné, au vérifiable. Mais justement, la foi ne porte-t-elle pas en elle le risque d'un oubli ou d'un affadissement de ce réel ?

S'il avait cru en Dieu, l'étranger aurait-il pareillement ressenti la réalité brute du monde, l'épaisseur de ces instants, de ses impressions ? Ce soleil sur sa peau, l'aurait-il réchauffé pareillement s'il avait vécu dans l'espérance d'une vie éternelle ?

Le croyant lit la beauté du monde comme la trace de son origine divine, l'athée ne comprend pas pourquoi il faudrait la réduire à un éclat secondaire d'une intelligence supérieure : la réalité de cette beauté lui suffit amplement. Peut-être n'est-on pas le même homme, que l'on croie en Dieu ou pas ; peut-être n'a-t-on pas le même rapport au monde ou aux autres.

Se demander s'il faut croire en Dieu, c'est alors se demander quel homme nous voulons être.

1. *Croire en Dieu est la meilleure façon d'être humain.*

Pourquoi y a-t-il quelque chose plutôt que rien ? Pourquoi le monde a-t-il simplement commencé ? La science ne peut répondre à ces questions, comme elle ne peut répondre à la question du sens de mon existence. La science nous dit le comment, pas le pourquoi. La théorie du big bang, par exemple, ne permet de répondre ni à la question « Pourquoi le monde ? », ni même à la question « Pourquoi le big bang ? ».

D'un point de vue physique, tout mouvement a toujours une cause. Mais qu'est-ce qui, au premier jour, a mis en mouvement le monde ? Il faut bien un premier moteur, capable de mettre en mouvement sans être lui-même mis en mouvement. C'est ainsi que la théologie médiévale présentera Dieu : un premier moteur, immobile et parfait. Il faut donc croire en Dieu parce que la physique est incapable d'expliquer cette origine du monde. Parce que la physique ne suffit pas, il nous *faut* la métaphysique [116].

C'est parce que nous pouvons nous représenter l'infini que nous arrivons à Dieu pour mettre un terme

116. Méta : après, ou au-delà. La métaphysique est donc la science de ce qui est après ou au-delà du monde physique, autrement dit de son origine et de sa finalité, de sa raison d'être.

à cette régression à l'infini vers le passé : il faut bien que le monde ait commencé [117].

On retrouve cette référence au commencement du monde dans les multiples « preuves de l'existence de Dieu » que tant de saints (saint Augustin, saint Thomas, saint Anselme...) mais aussi de philosophes se sont évertués à présenter. Cet exercice fut même un « classique » de l'histoire de la philosophie [118] : Descartes, Leibniz et tant d'autres se succédèrent pour apporter leur démonstration de l'existence de Dieu. Impossible alors, si l'existence de Dieu est démontrée par un raisonnement logique ou un système d'équations, de continuer à douter de lui. Il faut croire en Dieu, puisqu'il existe !

---

117. D'autant qu'en cherchant un « début » au monde, nous lui trouvons plus que cela : une origine, un fondement, un sens. Le sens renvoie à la fois à la signification et à la direction. Mais ces deux acceptions du terme « sens » peuvent être liées, comme ici. Si le sens du monde – sa direction – part de la volonté divine, alors il a un sens (une signification) qu'il n'aurait pas si Dieu n'avait pas à l'origine insufflé au monde sa « direction ». Le sens comme direction et le sens comme signification se rejoignent pour une autre raison : connaître l'origine de la vie d'un individu ou d'une civilisation, c'est déjà en percer le mystère – savoir d'où il vient (direction), c'est en percer le sens (signification).

118. Et le cœur de ce qu'on a appelé la « théologie rationnelle ». Il est possible de ramener à trois les différentes preuves possibles : la preuve *physico-théologique* part de l'existence de ce monde pour arriver à celle de Dieu, la preuve *cosmologique* part d'une existence quelconque pour conduire à celle de Dieu, la preuve *ontologique* démontre l'existence de Dieu à partir de simples concepts, indépendamment de toute expérience. Cette dernière preuve peut se résumer ainsi : Dieu étant l'être le plus parfait, il est doté de toutes les perfections, l'existence étant une de ces perfections, Dieu existe !

Une de ces « preuves », exposée par Descartes, peut être résumée ainsi. Je suis un être imparfait, mais j'ai en moi l'idée d'un être parfait [119], que je nomme Dieu. Puisque l'idée d'un être parfait ne peut avoir son origine en moi, qui suis imparfait, sa cause est à chercher dans un autre que moi, lui-même parfait. Autrement dit, si nous avons en nous cette idée de l'infini, nous qui sommes mortels et ne connaissons que des choses qui finissent, c'est qu'un être lui-même infini l'a disposé dans notre esprit, et donc que Dieu existe.

Il y eut tant de « preuves de l'existence de Dieu » que nous pouvons nous demander quelles furent leurs fonctions exactes. S'agissait-il d'« exercices » pour la pensée ? Probablement. Leurs auteurs étaient-ils à la solde du pouvoir religieux ? Oui, parfois. Mais peut-être aussi ces saints ou ces philosophes étaient-ils simplement conscients des conséquences positives de la foi sur les existences des hommes. Démontrer l'existence de Dieu, c'était alors aider les hommes à mieux vivre, en leur donnant la foi.

Nous avons besoin de Dieu, non seulement pour nous représenter le début du monde... mais aussi notre vie future, notre vie après la mort, notre avenir infini [120].

---

119. Cette idée que nous avons en nous, c'est plus précisément l'idée de parfait, qui donne ensuite l'idée d'un Être parfait. C'est la « preuve de Dieu par l'idée de parfait ». Descartes, *Discours de la méthode*, Vrin, p. 92.

120. Nous avons donc besoin de Dieu, d'une part comme origine du monde, et donc pour que cesse la régression *à l'infini* vers le passé, d'autre part pour nous projeter *à l'infini* vers l'avenir. On peut en déduire qu'il y a probablement un rapport

Une telle projection dans l'avenir semble correspondre à un besoin de l'esprit humain, et en ce sens nous permettre de développer pleinement notre humanité : l'attente, l'espérance, l'angoisse... sont autant de modalités de cette capacité, proprement humaine, à « faire venir » l'avenir[121]. Être humain, c'est vivre ce rapport singulier au temps, que l'animal ne connaît pas. L'élève qui s'ennuie se voit déjà sorti de l'école, l'amoureux non déclaré se projette très bien dans les bras de l'être aimé. L'animal, lui, reste « accroché au piquet du moment[122] ». Nous sommes bien incapables d'une telle vie au présent. C'est pourquoi l'idée de la mort constitue un scandale pour une conscience humaine : elle annonce la fin de cette projection qui nous est si *naturelle*, et qui tient à la structure même de notre esprit. Si donc nous voulons continuer à *vivre comme des hommes*, nous n'avons pas le choix : il faut croire en Dieu, et en notre vie éternelle. Peu importe d'ailleurs l'existence effective de ce Dieu ! « Dieu est le seul être qui n'a pas besoin d'exister pour Être », écrit Baudelaire. Ce que nous voulons, c'est y croire, pour que toute notre vie, jusqu'à notre vieillesse, puisse rester un projet. Sans la représentation d'un avenir possible, c'est notre vie présente qui

---

entre cette idée de l'infini que nous avons en nous et la foi en Dieu. Mais quel rapport ? Est-ce Dieu qui a mis en nous cette idée de l'infini pour que nous puissions arriver à lui ? Ou ne faisons-nous qu'extrapoler, de cette idée de l'infini à un Dieu qui n'existe pas ?

121. Qui répond, comme en écho, à celle de « faire revenir » le passé : nostalgie, remords, regret...

122. Nietzsche, *Seconde Considération intempestive*, GF-Flammarion.

se trouve menacée : celle de notre pensée, de notre désir, de notre imagination, de toutes nos facultés proprement humaines. Sans cette capacité de se projeter sans limite dans l'avenir, ce n'est pas simplement la perspective de la mort qui devient insupportable, mais aussi tout ce qui au présent nous accable si souvent – la souffrance, la maladie, l'humiliation, l'injustice...

Croire en Dieu, c'est croire que les maux du présent ne sont pas le seul réel. C'est donc – ce qu'aucun animal ne fait – poser l'exigence d'un au-delà [123] de ce réel. Une telle espérance est souvent raillée : elle serait le lot des victimes et des faibles, incapables de supporter la *réalité* de leur sort.

Il est vrai que devant un enfant condamné à une mort prochaine par une maladie génétique, devant cet ami ou cet amour trop tôt disparu, c'est probablement d'abord *pour nous* que nous nous surprenons à espérer un Dieu, parce que nous en avons besoin pour continuer, malgré tout, à vivre, ou parce que nous craignons d'être victimes d'un tel coup du sort. Mais c'est aussi *pour les autres* que nous croyons, que nous espérons une justice divine ou une vie éternelle. Si une telle espérance nous permettait de mieux vivre le manque, de mieux supporter l'absence de celui que la mort nous a arraché, elle pourrait être lue comme un signe de notre faiblesse. Mais ce n'est pas

---

123. D'une vie éternelle de notre âme délivrée du fardeau de ce corps souffrant, d'un paradis où il n'y aura plus, comme il est écrit dans la Bible, « ni faible ni fort, ni laid ni beau, ni pauvre ni riche ».

nécessairement le cas. Nous pouvons espérer ainsi pour l'autre, et souffrir tout autant de son absence. Cette forme particulière de l'amour, cette espérance pour l'autre, n'est-ce pas, au contraire, ce que nous avons de *plus* humain, une façon d'être à la hauteur de notre condition d'homme ? Ainsi la foi nous grandit, fait de nous des humains accomplis.

Si la foi ne peut être confondue avec la faiblesse, c'est parce qu'il y a de la révolte dans la foi, une révolte contre ce qui est. Or, c'est aussi cela *vivre comme des hommes* : ne pas se contenter de ce qui est. Sans cette insatisfaction, pas de révolution politique ni de découverte scientifique. Toute croyance, en le prince charmant, en une société sans classe, en Dieu, porte par définition sur un objet dont la réalité est problématique [124]. Elle prouve que l'homme est ce mammifère qui ne se satisfait pas de ce qui est devant ses yeux. En ce sens, les grands hommes, les révolutionnaires, les inventeurs furent tous des *croyants* [125] : ils ont d'abord dû *croire* en quelque chose qui n'était pas devant leurs yeux. Et la croyance en Dieu semble le modèle même de la croyance, car il n'y a rien qui soit moins « devant nos yeux » que Dieu.

« Accroché au piquet du moment », l'animal a les sabots plantés dans le réel. Aucun animal ne croit. Et c'est probablement pourquoi aucun animal [126] ne

---

124. Si cette réalité n'était pas problématique, si donc elle était attestée ou prouvée, il ne s'agirait pas d'une croyance mais d'un savoir.

125. Même ceux qui étaient athées, même les scientifiques les plus anticléricaux...

126. Ce n'est pas l'intelligence qui nous distingue de la bête

change le monde dans lequel il vit. De Gaulle croyait en Dieu, et il a eu le courage de partir à Londres pour entrer en résistance. Pour lui, la réalité présente de la France occupée n'était pas un destin. Robert Schuman et Jean Monet étaient tous deux de fervents catholiques, et ils ont fondé l'Europe [127]. Aucun rapport entre leur foi et leurs actions politiques ? À moins que leur foi, et *l'idéal* qui en découle, ne leur ait justement donné une distance, une hauteur par rapport à ce réel, grâce à laquelle ils ont su y œuvrer [128].

Nombreux sont les athées ou les agnostiques [129] qui, au seuil de la mort, réclament finalement le sacrement. Un tel revirement est lui aussi souvent lu comme une marque de leur faiblesse. Mais n'est-ce pas plutôt qu'ils se rapprochent, en cette situation extrême, de la vérité de leur condition ? Peut-être les hommes qui se déclarent athées, et refusent même d'*entendre parler* de Dieu, ne veulent-ils simplement pas envisager les circonstances lors desquelles cette

---

– nous sommes juste *plus* intelligents –, mais peut-être bien la croyance.

127. Ce qui a été étrangement passé sous silence en France lors du débat sur le préambule de la constitution européenne, et sur la mention des origines grecques et chrétiennes de l'Europe.

128. Plus simplement encore, lorsque la croyance en un Dieu éternel et infini nous a « habitués » à ne pas nous en tenir au réel présent, n'est-on pas plus facilement enclin à croire en une France libérée, ou à un autre avenir de l'Europe ?

129. L'athée est sûr que Dieu n'existe pas. L'agnostique ne sait pas.

question se posera[130]. S'affirmant non-croyants, ils refusent en fait moins Dieu que la pensée de la mort, et donc la méditation sur leur condition d'homme. Pascal montre bien que l'homme du divertissement[131], qui se perd chaque jour dans l'agitation mondaine, fuit en réalité l'ennui au cœur duquel risque de surgir la vérité angoissante de sa condition. Il fuit l'idée de la mort que porte en elle tout ennui, et qui appelle à son tour celle de Dieu. En ce sens, les mondains, les « fêtards », les *nightclubbers* ne vivent pas *comme des hommes* : ils reprochent aux croyants d'avoir besoin de Dieu pour vivre, mais eux-mêmes sont tellement incapables de supporter leur condition qu'ils la fuient dans le monde. Ne l'acceptant pas, ils remplissent leurs jours et leurs nuits pour simplement n'y plus penser. En fuyant Dieu c'est eux-mêmes qu'ils fuient, leur vérité d'homme.

Croire en Dieu, c'est affronter sa condition d'homme mortel et fragile, et c'est alors peut-être déjà – que Dieu existe ou non – mieux se connaître. Croire en Dieu, c'est vivre sa propre humanité comme une « dépossession[132] » : en dernier ressort, ce que

---

130. C'est souvent par *superstition* que les hommes ne veulent même pas évoquer une éventualité redoutée, comme si le simple fait de l'évoquer allait, par une sorte de pouvoir magique, le faire advenir. Ici ce serait donc finalement par superstition que les hommes voudraient ne pas parler de la mort, et fuiraient la question de Dieu. Ils se déclareraient donc athées, finalement... par superstition.

131. Pascal, *Pensées et Opuscules*, pensée 139, Hachette, p. 390.

132. Cette idée de « dépossession » est développée par Marcel

nous sommes ne dépend pas de nous, mais d'un autre que nous, notamment parce qu'Il a voulu, à l'origine, que nous existions. Et c'est en effet probablement ce que l'on ressent au seuil de la mort, lorsqu'il est devenu impossible de lutter, ou même de se lever : notre sort, plus que jamais, est en d'autres mains. Si donc nous pensons que nous ne pouvons être maîtres de tout, alors croire en Dieu est bien une façon de mieux accepter cette « dépossession », et avec elle notre humaine condition[133].

Le spectacle de ces hommes démunis qui n'ont rien d'autre que leur foi et accueillent néanmoins la vie dans un sourire radieux est en effet troublant. Qu'est-ce qui les remplit ainsi de ce bonheur ? Les honneurs, les plaisirs sensuels, les biens de consommation ne remplissent pas un homme ainsi.

C'est peut-être parce que sa vie a un sens que le croyant trouve ce bonheur, au contraire de tous ceux qui, malgré leurs réussites « mondaines », ne trouvent

---

Gauchet, notamment dans *Le Désenchantement du monde,* Gallimard, 1995.

133. Une telle foi pourrait être d'ailleurs une façon de résister à certains effets pervers de l'individualisme triomphant. Le risque est grand, aujourd'hui, d'être gagné par une impression trompeuse de maîtrise, voire de toute-puissance, portée par le progrès technique, scientifique, médical... Dans notre société de consommation, tout est fait pour nous gonfler de l'illusion que nous pouvons tout avoir. Mais le jour où les antidépresseurs ne font plus effet, le jour où nos efforts pour faire revenir l'être aimé ne portent pas leurs fruits... nous comprenons dans la douleur que nous ne pouvons être maîtres de tout. Le croyant, lui, le sait déjà. Son humilité est un remède contre la désillusion, une préparation au bonheur.

pas de réponse à la question du sens de leur vie. L'homme qui prie, en s'agenouillant, se rapproche du sens de sa vie, et c'est pourquoi il trouve parfois la force de supporter ce qui, ici-bas, pourrait le mettre à genoux.

Une telle force peut avoir des implications morales positives. Si nous avons tant besoin de Dieu aujourd'hui, c'est parce que le relativisme menace notre époque tout entière : valeurs, systèmes juridiques, mœurs sociales, sexuelles... « Tout se vaut », hurle notre postmodernité sous couvert de *tolérance.* Mais dans ce cas, si plus rien n'est absolu, pourquoi croire encore en un Bien qui le serait ?

Probablement les hommes ont-ils d'abord nommé Dieu leur exigence d'un Bien absolu. Il nous faut alors croire en Dieu pour aspirer à un Bien qui ne soit pas relatif. Ici encore, peu importe l'existence effective de ce Dieu, mais c'est en y croyant que nous agirons moralement, ou que nous résisterons à la tentation d'une action immorale : développer sa conscience morale pourrait être en effet une façon d'intérioriser ce qui serait le regard de Dieu sur nos actes ? C'est probablement le sens de la formule de Victor Hugo, relisant le fratricide de l'Ancien Testament : « Et l'œil était dans la tombe et regardait Caïn ». Cet œil, c'est d'abord celui de Dieu qui observe Caïn, et le juge pour son crime, le meurtre de son frère. Et c'est aussi celui de Caïn, le symbole de sa conscience morale, et donc de son remords.

À l'inverse, s'il n'y a plus de Dieu, il n'y a plus d'intériorisation de son Œil, plus de remords non plus. « Si Dieu n'existe pas, tout est permis », écrit

Dostoïevski. Croire en Dieu devient une obligation morale, ou simplement un « garde-fou » moral. Quelques heures avant son exécution, « l'étranger » reçoit la visite d'un aumônier. Mais il le rejette, le hait de lui gâcher ainsi ses derniers instants d'existence. Il ne veut pour rien au monde entendre parler de Dieu. On pourrait voir là une figure d'homme fort, sachant se passer de la consolation factice qu'offre la religion. Mais l'étranger n'est-il pas justement étranger aussi à la condition humaine ? Cet homme qui semble indifférent à la mort de sa mère, tue un Arabe parce qu'il a le soleil dans les yeux et souhaite que les spectateurs de son exécution l'accueillent « avec des cris de haine » n'est-il pas justement *sorti* de l'humanité ? Croire en Dieu lui aurait peut-être évité de devenir cet homme incapable de remords, ce monstre. Croire en Dieu, c'est donner à la vie – la sienne comme celle des autres – son caractère précieux puisqu'elle est le fruit d'une Volonté et non simplement du hasard. S'il faut croire en Dieu, c'est donc bien pour rester *dans* l'humanité.

Présenter cette référence à « l'œil de Dieu » comme un « garde-fou » moral entre cependant en contradiction flagrante avec les innombrables crimes de tous ces fous de Dieu, ou même avec une réalité historique simple : le plus souvent, la violence avec laquelle les criminels furent suppliciés fut justifiée par la référence à Dieu, quand cette violence n'était pas perçue comme *exprimant* la puissance de Dieu. Dans l'histoire, la « démonstration » de l'existence de Dieu s'est faite davantage par le sang que par des équations : la cruauté des cavaliers de Mohamed qui ont conquis le Moyen-Orient en quelques années a conféré à Allah une existence inédite. Et jusque dans la Bible, quand ce n'est pas Moïse qui extermine trois mille adorateurs du Veau d'or, l'invasion militaire de Canaan par les Hébreux, rythmée d'hécatombes qui aujourd'hui tomberaient sous l'appellation d'épurations ethniques, fait résonner étrangement cette idée de garde-fou moral.

« Toute puissance vient de Dieu », écrivit aussi saint Paul[134], légitimant pour des siècles les pouvoirs politiques les plus autoritaires. Plus encore, c'est au nom de Dieu que des intégristes chrétiens américains ont justifié le meurtre de médecins pratiquant l'avortement, et c'est encore au nom de Dieu que le kamikaze fond sur le World Trade Center. Il ne faut alors plus croire en Dieu pour justifier l'existence du monde... mais bien les pires crimes[135]. Évidemment, croire en Dieu n'implique pas nécessairement un tel fanatisme, mais il y a dans le rapport au réel du croyant quelque chose qui le rend possible.

L'homme qui prie, agenouillé, risque fort de changer alors de visage : il n'est plus cet homme qui se rapproche de sa vérité mais celui qui, se rabaissant à implorer, voudrait tant que le réel soit autre. S'agenouillant, il ne se rapproche pas du réel mais s'en éloigne. À partir du moment où il a cette foi

---

134. Saint Paul, *Épîtres aux Romains.*

135. « Récemment », les condamnations à mort d'écrivains comme Salman Rushdie, l'assassinat bien réel de son traducteur japonais ou celui du cinéaste Théo Van Gogh...

– indubitable, et qu'il place au-dessus du savoir objectif, vérifiable – en quelque chose dont la vérité ne peut être confirmée par le réel, une brèche est ouverte dans son rapport au réel, et c'est dans cette brèche que le fanatisme ou l'intégrisme pourront s'engouffrer.

C'est cette relation problématique de la foi au réel qu'il nous faut maintenant questionner.

2. *La foi risque de nous faire rater notre vie.*

Puisque le croyant « voit » ce qui n'est pas dans le réel, le risque est grand qu'il y voie aussi uniquement ce qu'il veut voir, et qu'il développe alors un rapport au réel « sélectif ». Certains croyants lisent la beauté du monde comme une preuve de l'existence de Dieu[136]. Comment une telle beauté, se demandent-ils devant les couleurs mêlées des ailes d'un papillon, pourrait-elle n'être due qu'au hasard ? De même, ajoutent-ils, l'organisation « merveilleuse » de la nature plaide-t-elle en faveur de l'intervention d'une Volonté divine. Mais lorsque nous leur proposons de juger le mal que les hommes, prétendument créés à l'image de Dieu, savent se faire, ils l'imputent, cette fois, non à Dieu mais à la liberté humaine. Comment Auschwitz ou les génocides rwandais sont-ils possibles s'il existe un Dieu bon et tout-puissant ? C'est

---

136. Il s'agit plus précisément chez saint Augustin d'une « trace » de sa toute-puissance. Voir chapitre « Pourquoi la beauté nous fascine-t-elle ? ».

que Dieu a créé les hommes libres, répondent-ils en substance[137]. La réalité de la beauté, de l'amour, prouve l'existence de Dieu, mais celle du mal ne prouve pas son inexistence. La *sélection* au sein du réel est ici flagrante.

Or, dès lors que l'on ne voit dans le réel que ce qu'on veut y voir – ce qui est la définition exacte de l'illusion –, il n'y a plus de limite. L'illusion est une erreur dans laquelle l'homme *désire* rester[138]. Un tel rapport problématique au réel peut prendre le visage d'une dévalorisation pure et simple de ce réel.

Dévalorisation, par exemple, du monde de l'ici-bas au regard de l'au-delà. La souffrance des hommes au labeur, ou celle des femmes lors du « travail » de l'accouchement, sont présentées selon une vulgate chrétienne comme des façons de gagner son salut. Ce n'est plus la beauté de l'ici-bas qui indique l'au-delà, c'est notre travail ici-bas, dans sa laideur laborieuse, qui nous permet de gagner l'au-delà. Tout est toujours tendu vers cet au-delà de notre réalité. Pis encore, si

137. On trouve l'aboutissement de cette façon chrétienne de penser la compatibilité de l'existence du Mal et de celle de Dieu dans l'œuvre de Hans Jonas.

138. Cette distinction essentielle entre l'erreur et l'illusion a été bien mise en évidence par Freud. C'est parce que l'illusion humaine, à la différence de la simple erreur, plonge ses racines dans nos désirs qu'elle est beaucoup plus difficilement rectifiable qu'une erreur. Un des livres consacrés par Freud à la religion porte justement pour titre *L'Avenir d'une illusion*, PUF, Quadrige. Si la foi induit un rapport arbitraire au réel, elle peut justifier n'importe quoi dans le réel : il n'est plus le lieu d'une vérification objective mais l'occasion d'une interprétation subjective qui, *de toute façon*, vérifiera la croyance.

nous lisons attentivement la Genèse, il n'est même pas question de cette dimension rédemptrice. Le travail laborieux ou l'accouchement douloureux y sont présentés comme des punitions pures et simples du péché originel, sans aucune référence à la signification qu'ils ont en eux-mêmes, évidemment plus haute, plus humaine, voire plus spirituelle.

La religion judéo-chrétienne condamne aussi le plaisir physique[139]. L'idée d'une vie éternelle de l'âme relève ainsi pour Friedrich Nietzsche d'une haine du principe même de la vie et du corps : tout ce qui vit commence par naître, croît, puis meurt emporté par la même force et la même évidence. Il est dans l'essence de la vie d'être périssable. La foi, en nous faisant croire en une vie éternelle, donc en une vie *autre qu'elle n'est*, nous interdit d'aimer cette vie-là, dont la nature même est d'être éphémère.

Si, de plus, la vraie vie est ailleurs, s'il existe un au-delà[140], la tentation est grande de simplement l'at-

---

139. Nietzsche, *L'Antéchrist*, Folio essais.

140. L'objection des chrétiens est bien connue : Dieu a créé ce monde réel, c'est donc qu'il importe ! Et par son fils il s'est fait chair, a vécu et est mort ici-bas. Il ne peut donc y avoir mépris du réel dans une religion de l'*incarnation*. Mais la création du monde par Dieu est un postulat auquel on peut ne pas adhérer. Quant au message du Christ, ou plutôt de Jésus comme personnage historique, il était, c'est vrai, un message de paix et d'amour *ici-bas*, mais saint Paul et après lui l'essentiel du christianisme l'ont perverti en déplaçant dans l'au-delà la vérité de nos existences (thèse développée par Nietzsche dans *L'Antéchrist*, brûlot antichrétien, radical et superbement écrit. Jésus y apparaît comme une sorte de hippie au message d'amour, et saint Paul comme celui, assoiffé de pouvoir, qui a dévoyé son message).

tendre. Croire en Dieu, lorsque cette croyance prend le visage d'une foi indubitable, est alors risqué : d'un côté, la violence du fanatique, de l'autre l'attentisme, le fatalisme. Dans les deux cas un rapport problématique au réel : le fanatique y fait n'importe quoi, le fataliste n'y fait rien.

Souvenons-nous, pour le comprendre, de la justification du Mal par Leibniz : du « point de vue de la partie », de notre point de vue donc, la guerre nous fait horreur. Mais si nous pouvions adopter le « point de vue du Tout », celui de Dieu lorsqu'il créa le monde, nous comprendrions que nous vivons dans « le meilleur des mondes possibles [141] ». Dès lors, il ne peut y avoir de « mal absolu ». Il n'y a d'« insensé » qu'à notre échelle : du point de vue du Tout, cela a un sens. Il semble bien aujourd'hui impossible d'avancer que, du point de vue du Tout, ce monde dans lequel Auschwitz a été possible est « le meilleur des mondes possibles », que l'insensé d'Auschwitz s'inscrit dans un sens plus général, et plus encore qu'il s'agit à bien y regarder d'un événement positif. De nombreux croyants ont perdu la foi après Auschwitz. Croire en Dieu comme fondement du monde comporte en effet le risque de justifier ce monde tel qu'il est – autrement dit de fuir, en le *relativisant*, ce qui, dans notre réel, relève de l'injustifiable, du mal absolu, ou radical. Si donc nous voulons regarder en face la réalité du Mal, prendre acte de ce dont les hommes sont capables et en tirer les conséquences nécessaires, il est urgent de cesser de croire en Dieu.

141. C'est cet optimisme qui a été raillé par Voltaire dans *Candide, ou L'Optimisme*.

La croyance est bien le propre de l'humain : c'est plus précisément sa faiblesse propre. Aucune bête n'est capable d'un tel déni du réel. Cette propension à « idéaliser » est notre façon humaine, trop humaine, de traduire notre peur du réel et de sa diversité. Auparavant, les dieux des peuples étaient des dieux complexes, bons *et* méchants, généreux *et* colériques, protecteurs *et* violents... Ils étaient à l'image de ces hommes qui acceptaient la vie avec son épaisseur et son ambivalence. Mais les judéo-chrétiens haïssent la vie : la preuve, même leur Dieu en est une simplification absolue, l'idéalisation d'une seule de ces facettes. Finalement, cette caricature du réel apparaît le mieux, conclut Friedrich Nietzsche, dans cette invention par les chrétiens d'un Dieu *absolument bon*. Il ne faut donc pas s'étonner que la foi en un tel Dieu nous fasse rater cette vie.

Pour retrouver *ce* monde, deux options s'offrent donc à nous : soit cesser de croire en Dieu, soit *redéfinir* Dieu... comme ce monde même.

Redéfinir Dieu, c'est ce que fait Baruch Spinoza : Dieu devient synonyme de Nature, de ce Tout dans lequel nous sommes plongés et qui s'exprime à travers nos joies ou nos pensées. Impossible, ici, de fuir le monde. En connaissant les lois qui régissent cette Nature, nous accédons au point de vue de l'éternité, au point de vue divin donc. Mais, bien sûr, il n'est plus question de croire. Il faut même cesser de croire pour accéder, par la raison, par la connaissance des causes véritables, à la « béatitude [142] ».

---

142. Spinoza, *L'Éthique*, Folio, p. 349 à 388.

Redéfinir Dieu comme monde, c'est aussi ce que font les bouddhistes. Dieu n'y est pas une personne mais le Tout que nous retrouvons en nous délivrant, par la méditation, de notre individualité et de ses souffrances. Encore une fois, nulle fuite hors du monde mais une intégration et une adhésion au monde. Mais, ici non plus, nulle croyance : qui prier si nous sommes déjà en Dieu ? C'est même justement en cessant de croire en un Dieu créateur, et en se débarrassant de cette individualité si chère aux chrétiens[143], que le bouddhiste pourra accéder au Nirvana. Redéfinir Dieu comme monde[144], c'est donc *déjà* cesser de croire.

---

143. Puisque c'est à l'individu libre de pécher ou non, de croire en Dieu ou non.

144. Redéfinir Dieu comme monde, ou en tout cas comme « société », c'est enfin ce que font les sociologues (comme Durkheim, ils ne le redéfinissent pas vraiment mais le réduisent à sa fonction sociale). Car ils ne parlent pas de Dieu mais du *religieu*x (du latin *religare*, relier, mais cette étymologie est parfois contestée), de tout ce qui *relie* les hommes entre eux – croyances, mais aussi rites, pratiques, interdits. Ils observent que la religion est présente à toutes les occasions importantes de la vie sociale (baptêmes, mariages, enterrements) : il faudrait alors « croire en Dieu » pour être intégré à la société. Mais bien sûr la réalité intime de la foi est ici gommée par sa fonction sociale : inutile d'avoir vraiment la foi pour aller à l'église et être intégré au groupe social. Plus encore, inutile de croire en Dieu pour vivre dans ce monde où le religieux est venu se loger partout, dans nos noms et nos prénoms, dans le rythme de notre calendrier et nos « valeurs morales »...Dire que la religion assume une fonction de lien social, c'est justement confesser que le religieux se passe très bien de notre foi pour nous intégrer dans la société. Et lire la religion comme productrice de lien social, c'est déjà soupçonner la religion de se réduire à cela, et

Et cesser vraiment de croire, c'est se retrouver face au seul monde qui soit : le nôtre. Alors seulement, écrit Friedrich Nietzsche, nous pourrons l'aimer, avec ce qu'il comporte de bon et de mauvais. Alors seulement, rectifiera Karl Marx, nous pourrons le changer.

Pour dire enfin « oui à la vie », écrit Friedrich Nietzsche, savoir affirmer ce qui est et non le caricaturer, il faut tuer en nous toutes nos croyances en des « arrières mondes », et au premier chef notre croyance en Dieu[145]. La principale fonction d'un tel « meurtre », c'est de déplacer le centre de gravité de notre vie. Si nous croyons en un au-delà, le centre de gravité de notre vie se trouve nécessairement après notre mort. Mais si nous éradiquons toute croyance de ce type, il va se retrouver, *mécaniquement*, au centre de notre vie. Cesser de croire en Dieu est alors

---

donc douter de l'existence de Dieu. De même, les interdits religieux jouent un grand rôle selon Freud dans le refoulement des pulsions humaines qui constitue notre humanité. Mais ici aussi, nul besoin de croire en Dieu pour que ce refoulement ait lieu, il suffit ici encore de grandir dans cette société où sont intégrés ces interdits religieux.

145. C'est « le crépuscule des idoles » auquel nous invite Nietzsche. Car ces idoles en lesquelles les hommes croient (Dieu, le Bien, la Vérité...) sont creuses ; elles ne résonnent que de la peur des hommes et de leurs illusions. S'il faut donc détruire toutes les idoles pour conquérir enfin notre lucidité, il faut s'attacher particulièrement à Dieu : c'est Dieu encore mais déguisé en qui les hommes croient lorsqu'ils croient en la vérité universelle de l'Histoire en marche vers son terme ou de la Morale. Pour Nietzsche, Hegel, avec sa philosophie d'une Histoire synonyme de Progrès n'a fait que changer Dieu en l'Histoire, Kant ayant changé Dieu en la Morale.

une méthode pour intensifier notre vie. Dès lors que nous comprenons qu'il n'y a pas d'autre vie, les instants intenses de nos existences vont l'être davantage encore : si Dieu n'existe pas, si la mort signe la fin de toute vie individuelle, il n'y a d'autre réconfort que cette caresse du soleil sur notre front, d'autre consolation que cette brûlure douce, cette *présence*-là. Plus encore, si nous ne croyons pas en Dieu, si donc il n'y a pas d'autre amour, nous allons éprouver plus intensément la présence de l'être aimé à nos côtés. Cesser de croire en Dieu, c'est se retrouver vraiment face à l'autre, sans passer par le filtre d'un autre Amour, l'aimer comme cet être singulier qu'aucune ombre portée de Dieu ne viendrait diluer, dédoubler et obscurcir.

Le plaisir aussi peut être intensifié par la pleine conscience que Dieu n'existe pas : si le libertin jouit pareillement, c'est parce qu'il a cette impression d'avoir volé au temps qui fuit, et à son anéantissement définitif, un instant de plaisir supplémentaire. S'il avait cru en la vie éternelle, cet instant volé d'une vie éphémère n'aurait pas eu la même saveur, ni la même signification. La présence de Dieu entre en concurrence avec celle de l'instant, du plaisir, de l'être aimé. « Tuer Dieu », cesser d'y croire, c'est rendre aux autres présences leur pleine intensité.

L'argument de Friedrich Nietzsche est toutefois plus précis : il s'agit non simplement d'éliminer une présence concurrente, mais de *vouloir* vraiment notre vie, et pas simplement ses moments agréables. Il définit le « surhomme » par sa capacité à vouloir l'instant qu'il vit si fort qu'il puisse en vivre l'éternel retour[146]. L'éternité... c'est maintenant pour celui qui aime tellement cet instant qu'il pourrait le vivre éternellement. Il faut donc détruire en soi la croyance pour retrouver cette capacité d'affirmation qui est au fond ce que nous avons de meilleur, et peut-être, ajoute Friedrich Nietzsche, de *divin*. Cet instant que je vis, est-ce que je le *veux* assez pour pouvoir en vivre « l'éternel retour » ? Si la réponse est positive[147], alors je développe la dimension divine de mon existence, parce que j'ai un pouvoir *infini* de vouloir ce que je vis, de lui « dire oui ». Il faut cesser de croire que Dieu a créé cet instant comme il a créé le soleil et décidé de sa valeur. Ce n'est pas parce que Dieu a décidé de sa valeur que je le veux. C'est *parce que je le veux* qu'il a cette valeur. Reprenons l'exemple de l'accouchement : dans une vision chrétienne du monde, le sens de cet accouchement préexiste. Mais dans un monde sans Dieu, la valeur de cet accouchement ne dépend que de la capacité de la femme qui accouche à le vouloir vraiment : l'aime-t-elle assez, dans sa beauté et sa douleur mêlées, pour pouvoir le vivre éternellement ? Si la réponse est affirmative, alors elle prend enfin la mesure de son pouvoir inouï, aussi animal que divin, de donner la vie. C'est parce qu'*elle-même* dit oui à ce qu'elle vit qu'elle le vit si intensément, et lui donne son sens.

---

146. C'est en tout cas l'explication, il est vrai controversée, que Deleuze donne du surhomme nietzschéen dans *Nietzsche*, PUF, 1990, p. 41 notamment.

147. Il ne s'agit bien sûr pas de le vivre effectivement pour l'éternité mais simplement de mesurer notre pouvoir d'affirmation de ce qui est.

Accomplir ce « meurtre de Dieu », c'est comprendre que toutes ces qualités dont nous parons Dieu – puissance, intelligence, bonté... – deviendront *les nôtres* dès lors que nous cesserons de les lui attribuer[148]. « Mon Dieu, mon Dieu, pourquoi m'as-tu abandonné ? » implorait Jésus crucifié. C'est à nous désormais d'abandonner Dieu, pour enfin retrouver ce pouvoir créateur que nous ne lui avons attribué qu'en projetant sur lui *nos propres possibilités*[149]. Bref, il faut cesser de croire en Dieu parce que cette foi nous empêche... de devenir Dieu.

Mais affirmer[150] le réel s'accompagne souvent du désir violent, révolutionnaire, de changer ce réel.

« La religion, c'est l'opium du peuple », écrit Karl Marx[151]. Pourquoi le croyant voudrait-il asseoir ici-bas un royaume plus juste, si déjà l'attend une place au royaume de Dieu ? La question décisive n'est

---

148. Voir aussi Feuerbach, *L'Essence du christianisme*, Maspero, 1982.

149. D'ailleurs la technique ne vient-elle pas aujourd'hui nous rappeler que nous pouvons être Dieu ? Seul Dieu avait le pouvoir de prendre une côte d'Adam et de créer Eve avec. Le clonage reproductif nous en rend aujourd'hui capables, et nous n'avons même pas besoin d'une côte, une simple cellule souche suffit...

150. Mais d'une affirmation heureuse, non « fataliste », au travers de ce qu'il nomme la « belle humeur ».

151. Pour dire que la promesse d'un au-delà, d'un temps où toutes les inégalités seront abolies, risque d'annihiler l'énergie révolutionnaire des hommes, en leur rendant supportable la réalité présente de l'injustice sociale. Éradiquer cette croyance, c'est être forcé de constater que ces inégalités sont insupportables, et donc faire la révolution (Marx, *Critique du droit politique hégélien*, Éditions sociales, 1975, p. 197).

plus métaphysique – « D'où vient le monde ? » – mais politique : « Comment le transformer ? ». Et la réponse ne se fait pas attendre : en ôtant Dieu aux hommes, cet opium qui leur fait d'abord du bien puis beaucoup de mal. « Plus l'homme met de réalité en Dieu, moins il en conserve en lui-même ».

Croire en Dieu peut donc induire des conséquences politiques désastreuses[152]. Freud ira même jusqu'à écrire que la soumission des hommes à des tyrans ou à des chefs charismatiques comme Hitler[153] est rendue possible par cette régression infantile que la religion encourage. Les religions auront donc préparé le terrain pour les totalitarismes du XXe siècle, qu'ils soient ou non athées.

Mais le danger de cette figure d'un Dieu Père n'est pas simplement politique. Il est aussi moral. En effet,

---

152. Pour le comprendre, l'apport de la psychanalyse se révèle décisif. L'homme est le seul animal naissant à ce point prématuré, incapable de subvenir à ses besoins, dans une dépendance terrible à l'égard d'autrui. Cet état a été étudié par Freud sous l'appellation de « détresse infantile ». Une telle détresse éveille « le besoin d'être protégé – protégé en étant aimé – besoin auquel le père a satisfait » mais, ajoute Freud, « la reconnaissance du fait que cette détresse dure toute la vie a fait que l'homme s'est cramponné à un père, à un père cette fois plus puissant » – Dieu, *Notre Père*. Croire en Dieu entretient alors l'enfant en nous, et constitue une régression à un stade normalement dépassé de la constitution du psychisme, avec toutes les conséquences, notamment politiques, d'une telle régression (Freud, *L'Avenir d'une illusion*, PUF, Quadrige, p. 43).

153. Hitler : le « Fürher », celui qui conduit. L'analyse est bien sûr tout aussi valable pour Mussolini : le « Duce », celui qui conduit, ou évidemment, plus tard, Staline, « le petit père des peuples », la dimension athée et anticléricale du totalitarisme stalinien n'invalidant aucunement cette lecture.

ce qui est beau, dans la relation morale à l'autre, c'est justement de respecter autrui alors qu'il est différent, et que cette différence nous heurte, nous menace. Respecter vraiment l'autre, c'est donc *aller vers* sa différence, qu'il s'agisse d'une couleur de peau, d'une condition sociale ou d'une pratique religieuse. Or, si nous sommes tous les enfants du même Père, nous sommes tous frères et donc nous ne pouvons pas être foncièrement différents. Un frère n'étant pas vraiment *autrui,* il n'y a pas un grand effort moral à aller vers lui. Si, au contraire, je ne crois pas en Dieu, si donc autrui n'est plus mon frère, le respect *réel* de sa différence prendra enfin tout son sens. Le respect, « l'amour du prochain », chez les chrétiens, ressemble trop à une ouverture, par *principe,* à un autre qui de toute façon nous ressemble... Il faut cesser de croire en Dieu pour rencontrer vraiment, dans autrui, *l'autre* et non le même, le lointain et non le prochain.

Plus encore, si Dieu n'existe pas, s'il ne me dicte aucun commandement, je suis seul à m'imposer le respect de ce que je crois être le Bien, et c'est alors que le geste moral prend toute son ampleur : lorsqu'il ne vient vraiment que de moi, de ma pure volonté morale, non de l'obéissance à un commandement divin [154]. Il faut tuer la croyance si nous voulons enfin retrouver cette liberté absolue au cœur de laquelle notre action morale prendra tout son sens. Peut-être ne ferons-nous vraiment le Bien que lorsque nous en serons les seuls responsables. Il est tellement tentant,

154. Ni de ma conformité à une nature humaine qui aurait servi de modèle à Dieu lors de notre création.

autrement, de désobéir au Père... Cesser de croire [155], c'est être obligé de donner, seul, du sens à sa vie, ou de vouloir seul le Bien.

Paradoxalement, une telle « foi » en l'homme a le plus souvent germé dans des esprits profondément religieux, ou en tout cas très marqués par la culture judéo-chrétienne. Friedrich Nietzsche, par exemple, était fils de pasteur, a créé un sublime personnage de prophète [156] et fini par endosser les habits de « l'Antéchrist ». La philosophie politique de Karl Marx vient de celle de G. W. F. Hegel, qui voyait dans l'Histoire un Dieu se réalisant peu à peu. Il semble qu'on ne se débarrasse pas de Dieu si facilement...

Les arguments visant à souligner l'urgence et la nécessité d'éradiquer en nous une certaine forme de

---

155. Dans tous les cas, cesser de croire en Dieu, c'est retrouver un rapport fort au réel : l'aimer, le changer, s'en sentir responsable... L'éradication de la foi fera de nous, pour Nietzsche un surhomme, pour Marx un révolutionnaire, pour Freud un adulte. Mais, au-delà de ces différences, tous trois montrent combien la croyance plonge ses racines dans l'*affectivité* humaine. Dans notre premier moment de réflexion, la foi était défendue comme un besoin de notre *conscience*, la partie la plus noble de notre être. Elle est ici condamnée car elle flatte nos instincts les plus bas : *désir* d'être rassuré, *peur* de l'inconnu, régression infantile... Du point de vue de l'histoire de la philosophie, Marx, Nietzsche et Freud sont souvent regroupés sous cette étiquette de philosophes du « soupçon ». La trame commune de leur travail – de déconstruction, dirait-on aujourd'hui – est un examen critique, soupçonneux donc, des croyances, valeurs ou idéaux des hommes comme des grands philosophes du passé.

156. Nietzsche, *Ainsi parlait Zarathoustra*, GF-Flammarion.

foi sont peut-être séduisants, mais ne résistent pas à cette question simple : et si Dieu existait ?

Plus encore, nous sommes obligés d'objecter à l'idée qu'« il faut cesser de croire en Dieu » l'impossibilité de démontrer son inexistence. Nous savons aujourd'hui, depuis Emmanuel Kant[157] précisément, que nous ne pouvons démontrer ni que Dieu existe ni qu'il n'existe pas. C'est justement parce que Dieu n'est pas un objet de science que la *croyance* prend tout son sens, et retrouve sa beauté singulière : un pari libre et subjectif.

157. Kant, *Critique de la raison pure*, Folio. Paradoxalement, cette impossibilité de démontrer l'inexistence de Dieu a été aussi très bien mise en évidence par Nietzsche lui-même. Nietzsche a montré que l'homme se trompait en pensant saisir le fondement absolu des choses, que c'était notamment son langage abstrait qui lui faisant prendre pour des vérités (*la* vérité, *la* nature humaine...) de simples illusions grammaticales. Sa thèse de la « mort de Dieu » signifie en fait que notre croyance en la vérité ultime (qu'elle soit nommée Dieu, Fin de l'Histoire ou Lois universelles) constitue elle aussi un mythe. Quant à sa destruction, au « marteau », de la métaphysique, il s'agit d'une attitude de soupçon radical à l'égard de la raison humaine et de toute doctrine prétendant nous expliquer la vérité du monde. Pour Nietzsche, la vérité n'existe pas : il n'y a que des individus, soit autant de perspectives sur la vérité. Il n'est donc plus possible de démontrer l'existence de Dieu, mais il est devenu tout aussi impossible de démontrer son inexistence. Autrement dit, en détruisant la *métaphysique* (comme philosophie systématique offrant une définition fondée de la vérité même du réel), Nietzsche détruit aussi toute possibilité de démontrer philosophiquement l'inexistence de Dieu.

3. Il faut croire en Dieu sans être sûr de Dieu.

Croire peut certes signifier « avoir la foi », être illuminé de certitude. Mais ce verbe a aussi un autre sens, qui est d'ailleurs celui du « je crois » du vocabulaire courant. Il signifie alors « estimer, pencher d'un côté, mais sans certitude aucune », autrement dit penser, mais avec une part d'incertitude : « Je crois, sans être absolument sûr, mais je crois ». « Penses-tu que notre mère déprimée ira mieux bientôt ? — Oui, je crois. » Nous voyons là tout ce que porte ce « je crois » : nous pouvons avoir *des raisons* de le croire, sans pour autant que ce soit prouvable – des raisons de le croire qui sont aussi des raisons d'espérer. Ne peut-on pas croire en Dieu en ce second sens ?

Accepter d'envisager l'hypothèse de Dieu, mais sans en être sûr, accepter de laisser monter en soi cette espérance, mais en sachant toujours se souvenir qu'il ne s'agit que d'espérance, c'est peut-être assumer ce que réclame notre conscience d'homme, se projeter dans l'avenir, refuser de s'en tenir à ce qui est, sans pour autant céder aux diktats de nos affects les plus faibles, que seule la foi absolue semble nourrir (peur de la vie, régression infantile, refus du réel...).

Ici s'ouvre alors, entre la foi absolue et l'athéisme qui lui répond, la possibilité de cette attitude *vraiment humaine* que nous recherchons depuis le début.

Finalement, lorsque nous avons développé l'idée qu'il fallait, ou ne fallait pas, croire en Dieu, nous avons répondu à chaque fois comme si une telle foi ou un tel athéisme devait *tout* changer à nos vies :

notre appréhension de la beauté, du soleil et de l'amour, notre rapport au monde et aux autres, notre engagement politique. C'était peut-être cet excès qui rendait le problème insoluble.

Avec cette idée d'une croyance en Dieu supportant une marge de doute, nous voulons ici, contre les fanatismes de tous bords, celui de la foi comme celui de la raison, envisager ce qui serait *une relation non totale à Dieu*. Elle se comprendrait justement à travers l'impossibilité de répondre « qu'il faut » ou « ne faut pas » croire en Dieu.

« Il faut croire en Dieu » : c'était le mot d'ordre de l'Inquisition, et les agissements des inquisiteurs plaident encore, des siècles plus tard, en faveur de l'athéisme.

« Il faut cesser de croire en Dieu » : c'était celui du stalinisme, et l'écroulement de ce régime a vu rejaillir partout de vastes mouvements de foi, renforcés souterrainement par cette interdiction [158]. Dans les deux cas, la même conception de la foi prévalait : la foi comme certitude rejaillissant sur la totalité de l'individu [159]. Pourquoi, autrement, une telle volonté politique de l'instaurer ou de la détruire ? La violence, l'inhumanité, viennent donc de cette idée que croire

158. « Le Vatican, combien de divisions ? » : on se souvient de la formule de Staline, de son mépris pour lesdites forces spirituelles. Aujourd'hui, l'URSS a disparu, notamment d'ailleurs par l'action de Jean-Paul II... mais pas le Vatican.

159. Pour les inquisiteurs, les impies étaient définis *par* leur athéisme : il n'y avait rien à sauver chez de tels individus. Quant aux staliniens, ils voulaient, en interdisant la foi, changer les hommes en profondeur...

en Dieu, ou ne pas y croire, définit un être dans sa totalité.

Mais il faut maintenant se rendre à l'évidence : il y a des domaines de notre vie non touchés par notre foi ou notre athéisme. Finalement, cette caresse du soleil sur notre peau est probablement la même, que nous croyions en Dieu ou pas. Voilà déjà une première approche de cette « relation non totale » à Dieu. Il est possible de croire en Dieu sans que cela ne détermine la totalité de notre vie, de nos sentiments ou engagements. C'est ce qui distingue la foi de De Gaulle de celle du fanatique : la foi de De Gaulle est demeurée dans la sphère de sa vie intime, et si elle a eu des conséquences sur sa vie politique, ce fut indirectement et secrètement.

Mais nous allons ici plus loin, pour affiner cette idée d'une « relation non totale » à Dieu : il s'agirait d'avoir en nous l'idée de Dieu, sans pour autant « avoir la foi ». La foi comme certitude ou illumination totale est soupçonnable du pire : perte du sens critique, identification au Père et risque de régression, fatalisme ou fanatisme. En revanche, croire en Dieu au sens où nous l'entendons ici – avoir en nous l'idée de ce Dieu que nous espérons, mais sans être sûrs ni de lui ni de nous – non seulement nous protège des dérives du fanatisme, mais en plus nous assure finalement, autant que la « foi certitude », de cette ouverture sur l'avenir et de cette consolation que nous recherchons en elle.

En effet, si « je crois » en Dieu mais de cette croyance intégrant en elle-même une dimension de doute, je vais pouvoir me projeter dans un temps infini comme si j'étais illuminé à chaque seconde par l'évidence de Dieu.

Si je crois en Dieu au sens où j'ai simplement en moi l'idée ou l'espérance de Dieu, je vais pouvoir soulager une angoisse existentielle ou supporter un présent difficile parce que cette porte ouverte, en représentant simplement une *possibilité*, m'apaisera déjà. Mais je ne serai pas, en raison même de ce doute subsistant, menacé d'attentisme, de fatalisme ou d'indifférence. Et c'est aussi la survivance de ce doute accepté qui m'épargnera la violence. Supportant mon doute autant que celui des autres, il ne me viendra pas à l'idée de leur imposer quoi que ce soit. Avoir en soi l'idée de Dieu tout en supportant de douter aussi de lui, c'est cela la relation non totale à Dieu.

Pour bien comprendre cette idée, nous pouvons comparer notre vie à une longue traversée en bateau, s'achevant peut-être par la découverte d'une terre merveilleuse. Quelle est la meilleure façon de profiter vraiment de cette traversée ?

Si nous sommes absolument convaincus que cette terre est l'endroit le plus merveilleux que l'on puisse imaginer, cette traversée n'aura d'intérêt que rapporté à ce qui la clôt. Elle ne sera pas vécue pour elle-même. Elle sera peut-être ponctuée de moments de plaisir, ou de beautés rencontrées, mais qui seront dévalorisées au regard de cette terre tant attendue. Elle risquera aussi d'être perturbée par des accès de folie, des mirages ou de la violence : peut-être nous battrons-nous pour la voir le premier, ou pour imposer aux autres de reconnaître la terre promise dans un îlot banal. C'est la figure de la foi absolue.

Si nous sommes sûrs que cette terre n'existe pas, que nous n'avons d'autre choix que de voguer sans but pour l'éternité ou de faire naufrage, la traversée risque fort (sauf pour les quelques « surhommes » capables d'aimer un tel destin) d'être gâchée par le sentiment de l'absurde ou du désespoir : c'est la figure de l'athéisme.

Si vraiment nous ne savons pas, si nous doutons de tout, de l'existence de cette terre comme de ce qui nous y attend, la traversée risque alors d'être gâchée par l'angoisse : c'est la figure de l'agnosticisme.

Mais si nous avons l'idée de cette terre merveilleuse comme une simple *possibilité*, sans toutefois être sûrs ni de son existence ni que nous puissions l'atteindre, nous allons profiter le plus pleinement de la traversée : nous aurons l'espoir et l'horizon pour nous remplir d'idéal, mais nous saurons aussi qu'il est impératif, dans le doute, de faire de ce bateau une terre où vivre heureux. Plissant les yeux face au soleil, espérant distinguer cette terre paradisiaque, nous serons parfois croyants, mais nous saurons aussi rester lucides, scientifiques, lorsque dans nos jumelles nous constaterons qu'aucune des rives ne lui ressemble vraiment. Disons, pour résumer, que notre espérance nous donnera envie de saisir nos jumelles. C'est la relation non totale à Dieu.

Elle peut avoir sur nos existences des conséquences extrêmement positives. Peut-être l'idée de Dieu, et celle de la vie éternelle nous permettront-elles d'envisager simplement la *possibilité* d'un perfectionnement illimité de notre être, et ainsi de trouver l'élan pour essayer – dès maintenant – de devenir meilleurs. Si, au contraire, nos jours sont comptés, si la mort interrompt à jamais notre effort pour devenir meilleurs, pourquoi commencer à lutter ?

L'idée de Dieu a du bon, pourrait-on donc conclure... Elle est bonne « pour le moral ». Et elle est bonne pour *la morale*. Ici encore, nulle foi illuminée, mais une idée[160] dont nous connaissons le caractère de croyance invérifiable, une idée dont nous *savons douter*.

La différence entre la foi de De Gaulle et celle du djihadiste, c'est peut-être le rapport au doute : le doute est une possibilité que le fanatique rejette de toutes ses forces, justement parce qu'il veut se persuader de sa relation totale à Dieu. Il ne supporte pas le doute en lui. Le doute est au contraire une donnée acceptée par un croyant comme de Gaulle, ou même par l'abbé Pierre ou mère Teresa[161].

Considérons un kamikaze, un djihadiste détournant un avion sur une des tours du World Trade Center pour se réveiller au paradis des soixante-dix vierges.

---

160. Kant nomme « idées de la raison » ces idées, telles celles de Dieu, que nous avons en nous et qui, invérifiables et indémontrables, peuvent néanmoins favoriser notre rapport au réel. Ces « idées de la raison » renvoient exactement à notre définition de la croyance. Il en dénombre trois : le monde (comme totalité unifiée), le moi (comme noyau identitaire), et Dieu.

161. Qui ont tous confessé des moments de doute devant certaines injustices ou souffrances.

Il a été souvent présenté comme un illuminé, un être sûr de sa foi, ne doutant ni de son Dieu ni du bien-fondé de son acte. Mais le kamikaze est-il à ce point convaincu de la vérité de son Dieu, de son réveil au royaume d'Allah et des vierges enlacées ? Et si, au contraire, il doutait lui aussi mais utilisait justement son attaque suicide comme une façon de mettre fin au doute, en donnant au monde entier autant qu'à lui-même une preuve en acte de son inébranlable foi ? N'est-ce pas d'ailleurs cela même qui expliquerait, en dernier ressort, le passage à l'acte ? Il s'agirait alors moins d'un homme illuminé de certitude que d'un homme cherchant à tout prix à *se débarrasser du doute* parce qu'il ne le supporte pas.

D'où, peut-être, toutes ces violences faites aux hommes au nom de Dieu, le fanatisme, l'intolérance, l'inquisition... C'est autant chercher à se convaincre soi-même que de forcer l'autre à croire. Violent est celui qui ne supporte pas le doute qui est en lui, et cherche à montrer par cette violence même qu'il ne doute pas. *Il faut croire en Dieu* : c'est bien de cela que veulent *se* persuader ceux qui forcent les autres à croire. Ils ne supportent ni le doute des autres ni le leur. Ils ne supportent pas que le doute des autres les oblige à entendre le leur.

La violence des fanatiques ressemble à celle de l'homme qui crie parce qu'il ne supporte pas le débat. Le kamikaze passe à l'acte parce qu'il ne supporte pas l'idée que Dieu n'existe pas. L'étranger insulte l'aumônier parce qu'il ne supporte pas l'idée que Dieu existe. À tous les deux, il manque quelque chose, et c'est l'humanité.

Cette humanité-là, c'est justement ce qui manquait aussi aux anciens superstitieux, ceux qui voyaient Dieu partout, sa colère dans l'orage, son regard impérieux dans le soleil et son râle dans le bruissement des feuilles. Une telle « folie superstitieuse [162] » venait justement de la détresse des hommes devant une nature dont ils ignoraient les lois. La vie *entière* de ces hommes était alors stratégie naïve pour se rendre agréables aux dieux, et crainte d'avoir échoué. La relation non totale à Dieu nous préserve enfin d'un danger plus actuel : la régression communautariste. Une telle relation à Dieu est en effet nécessairement individuelle et subjective : c'est seul avec moi-même que je peux mesurer mon degré de doute. Je n'ai aucune raison de respecter des règles strictes, qui voudraient régenter *toute* ma vie, dès lors que j'ai un doute quant à l'existence de leur auteur. Bref, je n'ai aucune raison de suivre ce « culte du temple » où l'individu justement disparaît dans l'asservissement à des règles communautaires. Superstition infantile, régression communautariste : c'est encore le doute qui en préserve notre croyance [163].

---

162. Kant, *La Religion dans les limites de la simple raison*, quatrième partie, deuxième section, § I, II, III.

163. Mais un dernier soupçon demeure : avec cette relation non totale à Dieu, n'avons-nous pas redéfini la croyance en Dieu pour la rendre compatible avec le réel, et même avec ce doute si « philosophique » ? Pis encore, n'avons nous pas redéfini Dieu pour en faire une simple idée, vague et plutôt utile ? Croire en Dieu, n'est-ce pas, *par définition*, ne pas douter de lui, vivre entièrement dans cette foi ?

Force est de constater, au contraire, que ce Dieu dont nous refusons de démontrer ni d'imposer l'existence ressemble beau-

Notre pleine humanité se joue dans notre capacité à supporter le doute, à faire une place à l'idée de Dieu mais au sein de cette « relation non totale à Dieu », que nous pourrions résumer ainsi :

Dieu existe, *peut-être*, mais dans le doute c'est à moi d'être grand, moral et créateur. Je crois qu'il existe, mais je ne suis pas sûr, et dans le doute c'est à moi de me construire une vie à hauteur d'homme. C'est le bénéfice du doute. L'idée de Dieu ainsi reçue ne me rendra ni attentiste ni fanatique et, même si elle est non vérifiable, elle portera un « peut-être » capable d'orienter positivement mon rapport aux autres et au monde.

---

coup plus au Dieu de la Bible que ce Dieu que Descartes ou Leibniz ont voulu prouver par A + B. Ce Dieu, en effet, nous ne pouvons que l'attendre, l'espérer. Parce que nous ne l'avons jamais vu, nous ne pouvons qu'en parler pour approcher la qualité de notre conjecture, partager nos raisons d'espérer. La Bible abonde de passages sur l'espérance. Or, il n'y a d'espérance que lorsqu'il y a du doute. Et si nous en parlons tant, c'est bien que nous avons un doute. C'est aussi qu'en en parlant, ensemble, nous allons développer nos facultés humaines, notre réflexion, notre fraternité... Ce Dieu, nous ne l'avons donc pas redéfini. Ce n'est pas le Dieu des certitudes métaphysiques et des équations péremptoires. C'est plutôt le Dieu « d'avant », le Dieu du Livre – le Dieu qui ne se livre à nous que dans le Livre, ce texte à commenter, à étudier, à *interpréter*. S'il y a interprétation, c'est aussi qu'il y a doute. On trouve dans le Nouveau Testament une expression capable de nous éclairer finalement : « *Fides ex auditu* ». Elle signifie qu'on peut croire en ce Dieu, que nous n'avons jamais vu, parce que nous en avons « entendu parler ». Accepter d'entendre parler de ce que nous n'avons jamais vu, n'est-ce pas définir une attitude digne de notre humanité ? N'est-ce pas ainsi que l'on progresse ? C'est même probablement le juste milieu – mais il est des justes

Il ne « faut » donc pas croire en Dieu mais, si nous savons supporter le doute, si nous savons espérer sans nous faire dévorer, Dieu n'est pas une mauvaise idée.

Nous avons même beaucoup à gagner à accepter, au contraire de « l'étranger », d'en entendre parler. Car cette idée nous parle aussi d'un absolu, d'un progrès possible, d'un « peut-être » capable de nous rendre plus vivants, meilleurs vivants surtout. Nous aurions tort de nous en priver, mais plus encore d'en déduire l'existence effective de ce Dieu.

La seule façon de croire en Dieu, c'est d'en douter.

---

milieux qui peuvent être des sommets – entre deux écueils : être sûr de ce qu'on a jamais vu (foi absolue), refuser en bloc tout ce qu'on a jamais vu (athéisme). Nous en avons entendu parler... Par qui ? Par des hommes de confiance, des amis, des prêtres, un être cher au seuil de la mort... Ce Dieu que nous n'avons jamais vu, nous pouvons y croire, en quelque sorte pour voir, pour voir comment nous vivons avec cette idée quelque part au fond de nous.

SAMEDI

La démocratie est-elle le meilleur régime politique ?

« Il suffit d'avoir entendu une fois une foule applaudir dans un théâtre pour savoir quoi penser de la démocratie. »

Max Frisch

Plus qu'un nouveau régime politique, où le peuple (*demos*) a le pouvoir (*cratos*) de gouverner, la démocratie apparaît toujours, aux yeux de ceux qui assistent à sa naissance, comme une véritable panacée. « Le bonheur est une idée neuve en Europe », proclamait Saint-Just en pleine Révolution[164]. L'idée neuve, c'est celle du bonheur *collectif*, devenu une affaire politique. Les révolutionnaires français voyaient ainsi dans la démocratie la clef du bonheur, les contemporains de l'écroulement de l'ex-URSS l'occasion de la liberté politique et de la prospérité économique, les Grecs la seule façon de devenir enfin

164. Saint-Just, *Sur le mode d'exécution du décret contre les ennemis de la Révolution,* discours prononcé devant la Convention le 3 mars 1794.

vraiment humains. Le régime politique démocratique renvoie alors à *plus* qu'un régime politique : à une société, une vie, une humanité nouvelles.

Mais l'expérience historique a montré que la démocratie pouvait aussi apporter autre chose que le bonheur. La démocratie est en partie responsable de l'avènement du fascisme ou du nazisme, pas seulement parce que ces mouvements naquirent du discrédit du système parlementaire, ni même parce que Hitler a été élu, mais parce que les classes bourgeoises ou les possesseurs du capital ont souvent soutenu ces régimes par *peur de la démocratie*. Il est dans la nature même de la démocratie de pouvoir se renverser à tout moment en son contraire, en tyrannie, observait déjà Platon, contemporain de la première démocratie.

Et lorsqu'elle ne se retourne pas en tyrannie, la démocratie ne nous apporte pas le « bonheur » pour autant.

De nombreux États démocratiques peinent à lutter contre l'insécurité, le chômage de longue durée, la précarité.

Qu'est-ce qui fait alors la valeur d'un régime politique ? Ses conséquences sur la société, son efficacité économique, ce qu'il exige des individus ? Sa capacité à gouverner effectivement, le type d'hommes qu'il porte au pouvoir ? Ou simplement la justesse de son principe *politique* ?

En accordant au peuple la « souveraineté », le pouvoir de décision politique, la démocratie est une preuve de maturité historique : parvenu à l'age adulte, enfin émancipé de la figure paternelle du monarque ou du despote, le peuple aspire maintenant à décider de son avenir. C'est le sens de la *liberté politique*, impossible sans l'égalité et le débat : c'est ensemble que nous allons savoir ce qui est bon pour l'ensemble, que nous allons le décider, avec chacun une voix dans le débat. La vérité ne viendra *que de nous*, non d'un absolu supérieur, d'un Dieu, d'une tradition ou de savoirs élitistes. Nous sommes devenus, politiquement, adultes. De ce point de vue-là, la démocratie semble le meilleur régime politique.

Mais si elle représente l'âge adulte des systèmes politiques, fait-elle vraiment de nous, individuellement, des *adultes* ? Et si tel était le cas, cela suffirait-il à faire de la démocratie le meilleur système de gouvernement ?

Au premier tour des élections présidentielles de 2002, nos voix ont été tellement éparpillées en votes protestataires pour des candidats mineurs que nous avons invité au second tour un candidat, Jean-Marie Le Pen, contre lequel nous sommes ensuite massivement descendus dans la rue. Quelques jours après nos votes protestataires, nous avons protesté contre les conséquences de notre vote protestataire. Nous sommes-nous vraiment comportés en adultes ? La réalité de la pratique démocratique est-elle conforme à son idéal ?

La définition de la démocratie comme pouvoir du peuple semble trop idéaliste, ou au moins trop théorique. Une démocratie se reconnaît d'abord à l'organisation d'une compétition pacifique entre les différents prétendants au pouvoir[165]. C'est cela qu'il nous faut juger :

Une telle compétition permet-elle aux meilleurs de parvenir au pouvoir ?

Permet-elle que les meilleures décisions soient prises ?

Si l'écart est trop grand entre l'idéal démocratique et sa réalité, pourquoi ne pas lui préférer un régime qui promette moins mais tienne ses promesses ?

1. La démocratie est le meilleur régime politique car c'est le seul qui nous demande d'être des adultes.

L'adulte, à la différence de l'enfant, ne donne pas sa confiance à n'importe qui, est capable de choix éclairés, agit en toute responsabilité, et sait sanctionner quand il le faut. Changeons adulte par « citoyen », et même par « citoyen à l'heure du vote », et nous comprendrons pourquoi la démocratie, en nous demandant d'être des adultes, est le meilleur régime politique. Des politiques choisies par des êtres éclairés, responsables des autres et des générations futures, sanctionnées lorsqu'elles doivent l'être, ont toutes les chances d'être les meilleures politiques possibles.

La démocratie ne peut cependant plus être définie comme « souveraineté populaire ». Nous pourrions en

165. Cette approche « réaliste » de la démocratie est celle notamment de Raymond Aron.

effet parler d'un authentique pouvoir du peuple si nos représentants étaient tenus par des « mandats impératifs » : l'obligation d'agir dans la plus stricte conformité à leurs engagements. Or, ce n'est pas le cas. La simple existence de « lois impopulaires » atteste déjà de cette évidence que *le peuple ne gouverne pas*. Mais ce n'est pas pour autant que la démocratie en devient un mauvais régime. Au contraire.

La démocratie demande aux hommes, ceux qui élisent comme ceux qui sont élus, *le meilleur*, et c'est pourquoi elle est le meilleur régime.

L'action politique exige une adaptation à la conjoncture économique, géopolitique, sociale, qui serait rendue impossible par des mandats trop « impératifs ». Un homme politique réactif, capable de saisir des occasions favorables pour agir dans l'histoire, est obligé de ne pas tenir de promesses trop précises. Cela est vrai aussi au niveau du pouvoir législatif où nos représentants font face à des objections adverses parfois imprévisibles, et examinent des propositions de lois nouvelles, elles-mêmes émanant d'un gouvernement devant s'adapter aux circonstances. Lorsque nos représentants votent, nous ne sommes pas là pour leur tenir la main. C'est aussi cela, *le meilleur* : donner notre confiance, au moins jusqu'aux prochaines élections. Aucun autre régime ne nous propose de donner librement notre confiance. C'est vrai, il est difficile pour nous de savoir où « passe » notre pouvoir. Nous ne sommes, en effet, pas « au pouvoir ». Mais cela ne signifie pas que la démocratie ne tienne pas ses promesses. La démocratie, malgré l'étymologie, peut être définie autrement que par le pouvoir du peuple. Sans être « au pouvoir », nous avons un pouvoir de contrôle et de sanction sur ceux qui y sont ; nous avons le pouvoir de sanctionner ceux à qui nous avons donné notre confiance. Les gouvernants doivent tenir compte de nous, de *l'opinion publique*. Que souhaiter de mieux ?

Pour pouvoir choisir de grandes orientations nationales, pour décider ensuite si elles ont été ou non tenues, si elles respectent ou non l'intérêt général, il faut savoir user de notre raison, de notre langage [166], maîtriser cet art du jugement éminemment humain. Peut-être même qu'en nous interrogeant, ensemble, sur cet intérêt général, nous développerons aussi, non seulement notre raison, mais aussi certains affects comme la solidarité ou la fraternité. On ne juge pas alors le régime politique démocratique simplement sur la qualité de ses politiques effectives, mais aussi sur les qualités *humaines* qu'il aspire à flatter chez les citoyens.

La monarchie médiévale nous demandait juste d'être des enfants, la monarchie absolue de « savoir » craindre ou courtiser, l'aristocratie de faire confiance aux meilleurs, les différents systèmes traditionnels d'être nés là où nous sommes nés. La démocratie nous demande de développer nos facultés humaines de la façon la plus complète possible. Elle nous demande

166. Et même plus précisément de cette « rationalité discursive » chère aux Grecs, de cette raison qui s'éprouve dans et grâce au discours, au langage, dans et grâce à la *délibération*. Il est bon ici de rappeler qu'il n'y a, en grec, qu'un seul mot pour dire à la fois raison et discours : « *logos* ».

de vouloir, de décider et de juger. Aucun autre régime ne nous en demande tant.

Dès lors que nous sommes à la hauteur de cette demande, la démocratie devient le meilleur régime politique au sens concret de meilleur système de gouvernement.

Selon Platon, la démocratie traduirait le triomphe du pouvoir sans le savoir. Le peuple, obéissant aux passions plus qu'à la raison, habité par le ressentiment plus que par le sentiment civique, serait incapable de gouverner... Mais dans nos démocraties modernes, il n'est pas demandé au peuple de savoir gouverner, juste de savoir choisir, voter, juger.

Dire que la démocratie, pour fonctionner correctement, nous demande le meilleur, permet de comprendre pourquoi la liberté d'expression laissée aux ennemis de la démocratie doit être une règle de la démocratie. La question de ces expressions politiques extrémistes, racistes, xénophobes, est souvent évoquée, à tort, pour souligner la faiblesse d'un régime démocratique. Si ce régime, fidèle à son principe de liberté d'opinion, ouvre un espace d'expression à des courants extrémistes qui peuvent devenir majoritaires, il risque de causer sa mort. Si à l'inverse ce régime limite la liberté d'expression, il prouve sa faiblesse, la démocratie se niant elle-même en interdisant ses voies d'expression à ses ennemis. Soit il est le seul régime politique à ne pas se défendre contre ses ennemis, répètent ceux qui voient une faiblesse dans cette liberté d'expression sans limite. Soit il se défend en allant à l'encontre de ses principes, et en renforçant insidieusement l'ennemi en question. La démocratie nous demande d'offrir à ses ennemis des tribunes d'expression parce qu'elle nous demande d'*être capables de leur répondre*. Laisser s'exprimer les ennemis de la démocratie, ce n'est en aucun cas ne pas se défendre. Tout faire pour que les ennemis de la démocratie puissent débattre est la meilleure façon de les battre. Les obliger au silence, c'est les nourrir de l'aura du banni, attirer les aigris de tous bords ayant le sentiment de l'être aussi. Le succès de Jean-Marie Le Pen est venu en partie de cette image, savamment entretenue, d'homme exclu des médias, qui lui a permis de fédérer ceux qui se sentaient rejetés par les élites. Mais voilà : les battre dans le débat n'est pas toujours facile. Encore une fois, aucun régime ne nous en demande autant. La démocratie nous demande de nous battre pour elle. Qu'elle soit toujours menacée signe alors moins sa faiblesse que sa force, dès lors que cette fragilité entretient en nous le désir de la défendre.

Cette idée du débat incessant est paradoxalement souvent réquisitionnée, à tort elle aussi, pour souligner la faiblesse de la démocratie. Puisque toutes les positions peuvent s'afficher sur la place publique, la division de la société serait exposée au grand jour et non son unité. En démocratie, la société éclatée *par le débat* serait incapable de s'incorporer dans un homme ou même une politique. Dans une monarchie absolue de droit divin, c'est la vérité de Dieu que le roi incarne à travers sa politique, et le pouvoir s'incorpore dans son corps, royal et divin. « L'État, c'est moi », résume Louis XIV. Dans la monarchie féodale, le pouvoir s'exerce à différents niveaux, celui du roi ou de ses vassaux, mais tous détenteurs d'une vérité venue de la tradition, d'une position sociale *indiscutable*. Ce sont des régimes où il y a des certitudes. En démocratie, nous ne sommes jamais sûrs de rien. Ce qui vient légitimer le pouvoir n'est ni Dieu ni la tradition, mais simplement l'issue d'un débat puis d'un vote qui ont eu lieu à un moment donné, et peuvent toujours être remis en question. Les lois peuvent être amendées, revotées. Un parti d'opposition peut défaire la politique qui vient d'être instaurée dès son arrivée au pouvoir. Nous pouvons nous lasser d'un régime incapable de rien imposer qui ressemble de près ou de loin à une vérité. Impossible en effet de nier qu'un tel régime soit *risqué*. Nous pouvons ressentir alors le désir d'un pouvoir fort, enfin capable d'imposer cette unité à notre société éclatée. C'est une partie de l'explication de l'élection de Hitler en 1933. Les Allemands étaient exaspérés par ce parlementarisme, par tous ces désaccords étalés au sein de débats interminables, d'où n'émergeait jamais aucune *vérité*. Il y a probablement dans la nature humaine un désir d'être dominé, une satisfaction insidieuse à rester dans la servitude volontaire[167], dont le progrès démocratique induit le refoulement. En affichant sans cesse sa division interne, la démocratie risque en effet de susciter un retour de ce désir refoulé, de notre désir d'être dominé. Ce régime est si faible, pourrait-on

167. La Boétie, *Discours sur la servitude volontaire,* Payot, 1976.

croire, qu'il peut créer en nous ce désir d'un pouvoir fort et donc, encore une fois, se retourner en son contraire, la tyrannie.

Mais ici encore, ce qui est présenté comme une faiblesse relève plutôt de la force de la démocratie, pour peu que, de nouveau, nous sachions être à la hauteur de *l'existence démocratique*, et ne pas céder à ce désir d'un pouvoir fort. Une telle division est peut-être dure à supporter mais c'est cela que nous demande la démocratie : accepter la pluralité des expressions qui la composent. Il faut là aussi développer en soi *le meilleur* : l'acceptation de la différence, la capacité à discuter, à supporter la vérité d'un monde où, en effet, il n'y a pas une vérité indubitable. La concurrence des prétendants au pouvoir souligne à la fois la vitalité de la démocratie et son instabilité. Mais le monde est ainsi désormais, notre postmodernité en tout cas : nous ne sommes sûrs de rien et devons faire avec. La démocratie est « la dissolution des repères de la certitude[168] ». Elle est la forme de régime politique adaptée à notre époque. L'enfant veut un pouvoir fort pour calmer son angoisse. L'adulte, lui, doit supporter cette absence de « vérité ». Il doit résister à cette pression du retour du désir d'être dominé. C'est en ce sens aussi que la démocratie est un régime d'adultes. Et elle est peut-être le moins mauvais des modes de gouvernement justement parce qu'elle ne repose sur aucune vérité

168. L'expression est de Claude Lefort, *L'Invention démocratique : les limites de la domination totalitaire*, Fayard, 1981.

ou transcendance : c'est l'action et elle seule qui va devoir prouver la qualité d'une politique.

La critiquer, c'est peut-être déjà avouer que nous ne voulons pas faire tous ces efforts, que nous préférerions rester des enfants obéissants au père – qu'elle nous en demande trop.

La démocratie, pour être le meilleur système, nous demande le meilleur [169]. Mais en sommes-nous capables ?

2. *Nous ne sommes pas à la hauteur de la démocratie.*

Qu'exprimons-nous lorsque nous votons ? Que manifestons-nous dans les « manifestations » ? Une position éclairée, raisonnable, rationnelle ? Un mécontentement, un affect ? Un réflexe grégaire ? Un souci de l'intérêt général ou un cri égoïste ? Bien évidemment, la réponse ne va pas de soi. D'une part, elle se joue dans l'intimité de la conscience de chacun. D'autre part, la frontière est poreuse : le

169. Lorsque Montesquieu, dans *L'Esprit des lois*, s'interroge sur les valeurs autour desquelles s'articulent les différents régimes politiques, il en conclut que la monarchie est le régime de l'honneur, la tyrannie celui de la crainte, et la démocratie celui de la vertu, du sens de l'intérêt général exigeant un arrachement à notre égoïsme naturel. La démocratie ne nous donne pas alors un simple droit d'expression politique mais le droit, et même le devoir, d'exprimer ce qui nous semble bon pour la collectivité. Est-ce ainsi que nous l'entendons ?

mécontentement peut s'argumenter rationnellement, le souci de l'intérêt commun peut s'exprimer dans la colère et le cri... Mais la question est la bonne. Dès lors que nous disposons de ce droit de nous exprimer, pourquoi n'exprimerions-nous pas aussi nos affects les plus primaires ? Qu'est-ce qui nous en empêchera ? La critique platonicienne de la démocratie est une critique de sa nature vite « affective » : le peuple, si longtemps assujetti à ceux qui deviennent soudain ses égaux, risque de n'exprimer que des affects négatifs à l'égard de l'ancienne élite. Devant les résistances de cette dernière, il sera tenté de recourir à la force, et la démocratie dégénérera en tyrannie. Rappelons d'ailleurs que le terme *dêmokratia*, dans une de ses premières acceptions attestées, était en fait utilisé par les membres de l'aristocratie athénienne pour désigner l'excès de pouvoir (*kratos*) des pauvres, ou plus précisément des non-possédants (*dêmos*), animés de passions revanchardes. D'autre part, il existe une lecture[170] « économique et sociale » de l'histoire de la démocratie, selon laquelle la démocratie est présentée simplement comme une étape de la lutte inexorable que mènent les non-possédants pour conquérir l'égalité, et implique donc nécessairement de la violence, du ressentiment, mais nullement le souci de l'intérêt général.

Le regard est sévère, mais force est de constater que la plupart des intellectuels ou éditorialistes français sont souvent... platoniciens dans leur lecture

170. Voir Gaetano Mosca, *Elementi di scienza politica*, Fratelli Bocca, 1896.

des expressions populaires. Ainsi, si l'on en croit leur interprétation dominante des résultats du référendum sur la constitution européenne de 2005, le peuple, loin d'exprimer une position politique éclairée quant à l'avenir de l'Europe, a exprimé son ressentiment à l'égard des élites politiques. Il n'a pas vu l'enjeu historique, aveuglé qu'il était par ses passions mesquines : animosité à l'égard de la « classe politique », peur irraisonnée du « plombier polonais », attachement régressif à certains acquis sociaux... La lecture est partiale – un refus argumenté d'une Europe trop libérale et un attachement à l'idée de la nation ont aussi été exprimés –, mais permet de reposer la question : ne confondons-nous pas souvent l'expression politique que la démocratie nous demande avec celle de nos peurs ou de nos refus ? Le rythme avec lequel, en France, nous descendons dans la rue n'indique-t-il pas à lui seul notre méconnaissance du temps nécessaire à l'action politique ? Le dernier grand sursaut démocratique se résuma à dire « non » à Jean-Marie Le Pen, comme si, même au cœur de la mobilisation républicaine, il s'agissait encore de dire non, et même de le crier. Mais Jean-Marie Le Pen n'aurait jamais été présent au second tour des élections présidentielles si nos votes au premier tour n'avaient pas été déjà un grand « non ! ». L'élection présidentielle de 2002 est donc symptomatique à deux titres de la faiblesse démocratique : le risque avec Jean-Marie Le Pen au second tour d'une démocratie se renversant en son contraire, et celui, criant au premier tour, d'une expression de passions irraisonnées plus que de positions éclairées. Posons la question franchement :

dans nos privilèges démocratiques – droit de grève, manifestations, référendums, élections... –, sommes-nous vraiment ces êtres que la démocratie ouvre à leur pleine humanité, éclairée et citoyenne ?

Un tel propos ne doit pas être perçu comme un procès à charge contre nos comportements individuels. Il vise autant les partis politiques. Tout parti, dès lors qu'il est dans l'opposition, est tenté de mobiliser les gouvernés contre les gouvernants en leur expliquant qu'ils sont mal gouvernés, et donc d'alimenter le mécontentement pour justifier la nécessité d'une alternance. C'est le principe démocratique de la concurrence pour le pouvoir qui l'exige. Nous ne nous arrêtons pas assez sur cette troublante évidence : la démocratie est le seul régime qui *invite* les gouvernés à protester contre les gouvernants. Évidemment, sous un régime autoritaire, une telle protestation est tout simplement interdite. Néanmoins, en utilisant le mécontentement comme moyen de l'alternance, les partis de l'opposition flattent souvent des raisons particulières ou catégorielles de mécontentement plus que le souci de l'intérêt général. La démocratie est donc le seul régime politique qui *organise* le mécontentement et la protestation.

Lorsque Jean-Jacques Rousseau définit le citoyen, il le définit par un *rapport* entre son intérêt particulier et sa représentation de l'intérêt général. Si cette dernière, à l'heure du vote, l'emporte sur l'intérêt particulier, alors seulement on peut parler d'un citoyen.

La démocratie nous offre des occasions fréquentes de nous « exprimer » : élections municipales, législatives, présidentielles, référendums... Or, nous constatons aujourd'hui un fort taux d'abstention à toutes les élections. Et nous constatons parallèlement la généralisation de l'« expression » en son sens non politique. Les individus s'expriment de plus en plus dans les médias, les émissions de télévision, à l'occasion de micro-trottoirs, de blogs..., comme si la démocratie signifiait aujourd'hui d'abord un droit à s'exprimer, à « donner son avis ». C'est ce que nous pourrions appeler « l'idéologie démocratique » : la démocratie y est débarrassée de son sens politique (la souveraineté populaire, l'expression de choix politiques) pour venir désigner une sorte de droit, égal chez tous, à « s'exprimer », à revendiquer, à « s'affirmer[171] »... Il est donc à craindre que cette « idéologie démocratique » ne triomphe justement à l'heure où la démocratie réelle s'essouffle. Notre époque est en effet celle de la mondialisation des enjeux économiques et politiques, qui réduit considérablement les marges de manœuvre politiques nationales. L'expression non politique vient alors pallier le vide d'expression politique.

Le risque est grand, en tout cas, d'une confusion entre droit d'expression politique et droit d'expression *tout court*. Ce genre d'émissions où des membres de la société civile viennent publiquement afficher

171. Il est signifiant de constater que notre époque de forte abstention politique est celle où triomphèrent des émissions de télévision comme « C'est mon choix », où des individus sont conviés à venir exprimer « leur choix », non quant à une politique publique mais quant à leur vie privée, leur coiffure, leur préférence sexuelle...

leurs opinions privées est d'ailleurs souvent qualifié de « forum démocratique » et, comme si cela n'était pas encore assez clair, Evelyne Thomas, la présentatrice de « C'est mon choix » a été élue nouvelle Marianne dans de nombreuses mairies de France... Le vote en démocratie devrait se traduire ainsi : « C'est mon choix quant à ce qui me semble être bon pour la collectivité ». Mais l'idéologie démocratique du « c'est mon choix » risque de laisser croire qu'en politique aussi, « mon vote, c'est mon choix, je l'assume comme ce droit absolu à être ce que je suis, sans aucun souci de projet collectif ».

Cette confusion entre expression politique et expression tout court en contient une autre. Osons les questions les plus simples. Parmi nous, combien votent en se souciant de l'intérêt général ? Combien n'utilisent le droit de vote que pour défendre leurs intérêts particuliers ou communautaires ? Peut-on encore appeler démocratie ce régime où nous choisissons des politiques uniquement en fonction de notre intérêt particulier ?

C'est alors que se posent les véritables problèmes. En effet, si chacun vote en fonction de son seul intérêt personnel, ceux qui l'emporteront seront simplement les plus nombreux à avoir cet intérêt particulier-là, mais ce ne sera pas l'intérêt général pour autant. C'est alors le nombre qui fait la force, la quantité d'opinions semblables et non leur qualité. Mais les plus nombreux n'ont pas raison pour autant. Ils imposent une tyrannie qui est celle de la majorité. La démocratie ressemble alors aux autres régimes, elle reproduit des rapports de force et rien d'autre. Ce n'est plus la tyrannie d'un seul mais de la majorité. Il existe d'ailleurs à l'époque romaine un autre usage du mot *dêmokratia* [172] et de l'un de ses dérivés, *dêmokrator*, qui renvoie explicitement non au « pouvoir du peuple », mais au « pouvoir sur le peuple », le terme de *dêmokrator* devenant même parfois synonyme de... dictateur ! La démocratie peut alors être présentée comme le pouvoir de la majorité *sur* le peuple.

Parfois, elle n'est même pas cela : dans des régimes démocratiques caractérisés par le suffrage universel, les formations politiques secondaires ou minoritaires orientent souvent leurs électeurs vers les candidats des formations politiques dominantes, ou « gaspillent » des voix qui ne participeront à l'élection d'aucun candidat. Si ces formations sont nombreuses et significatives, et si le taux d'abstention est fort, alors il est possible que la majorité des citoyens ne soit en fait pas représentée à l'Assemblée. La démocratie n'est alors même plus la tyrannie de la majorité. Le suffrage universel, accompagné d'une forte abstention, en fait le pouvoir de quelques-uns seulement, en aucun cas représentatifs.

Ces travers – la tyrannie de la majorité comme l'absence de représentation de la majorité des citoyens – peuvent être évités si les individus développent un authentique souci de l'intérêt général.

La belle idée de la démocratie, c'est que *le débat rend compétent* : si nous votons tous en *essayant* de nous représenter l'intérêt général, si nous nous

172. Voir Luciano Canfora, *La Démocratie, histoire d'une idéologie*, Seuil, 2006, p. 19.

interrogeons, ensemble, sur ce qui est bon pour la collectivité, nous pouvons bien sûr encore nous tromper. Mais il est fort probable, si une majorité d'entre nous parvient à la même idée de ce qui est bon pour la nation, qu'il y ait à cela *des raisons*. Mais sans une telle attitude, sans une telle bonne volonté citoyenne, il n'y a *aucune raison* que le peuple devienne compétent. Et il n'y a en conséquence aucune raison que l'orientation générale issue de ce vote soit la bonne. La démocratie devient alors un mauvais mode de décision politique et un mauvais mode de sélection des gouvernants.

La faiblesse de la démocratie, c'est alors la nôtre : celle de ne pas entendre ce droit d'expression politique comme un devoir de se soucier de l'intérêt général. En nous offrant le même droit de vote qu'un autre plus riche, ou mieux né, la démocratie politique diffuse la valeur de l'égalité dans la société. Mais il s'agit de l'égalité politique. Or, il n'est pas rare que nous exigions tantôt le même niveau de vie que d'autres, tantôt les mêmes avantages sociaux. Bref, nous sommes naturellement amenés à confondre l'égal, au sens politique, avec le même, au sens social. À l'issue de son long voyage, au XVIIIe siècle, dans la démocratie américaine naissante, Alexis de Tocqueville[173] présente l'envie comme la passion démocratique par excellence. « L'égalitarisme » apparaît alors comme la conséquence négative de cette belle idée d'égalité politique. Forçant le trait, nous

173. Alexis de Tocqueville, *De la démocratie en Amérique*, GF-Flammarion.

pourrions résumer ainsi le mécanisme d'un tel « égalitarisme » : puisque nous avons le même droit de vote, nous semblons spontanément portés à croire qu'il nous faut la même voiture. Le regard d'Alexis de Tocqueville est d'autant plus intéressant que la démocratie est pour lui un progrès historique. Mais un progrès de l'Humanité peut s'accompagner d'une régression de l'individu. Ce processus démocratique se traduit par le déclin des « valeurs aristocratiques » : héroïsme, sens du sacrifice, de l'excellence... Et ce déclin est dû à la façon dont les hommes reçoivent cette idée de l'égalité. Pourquoi vouloir être un héros si je suis l'égal de mon voisin ? Pourquoi aspirer à l'excellence si nous sommes tous égaux ?

La « passion de l'égalité », déplore Alexis de Tocqueville, est plus forte que « l'amour de la liberté ». Si nous n'aspirons tous qu'à être *semblables*, difficile de continuer à défendre la démocratie comme ce régime nous enjoignant à l'acceptation de la diversité. Nous pourrions rêver de destin collectif, utiliser *politiquement* notre liberté nouvelle, mais nous n'aspirons qu'au repli sur le bonheur privé, et plus encore nous voulons le même bonheur que le voisin. Il y a comme un immense malentendu. La démocratie des Anciens nous offrait la plus grande liberté qui soit : celle de participer à la vie politique. Nous comprenons souvent notre moderne liberté comme le droit... de ne pas participer à la vie politique[174].

---

174. Pour un approfondissement de cette thèse, voir Benjamin Constant, *De la liberté chez les Anciens et chez les Modernes*, GF-Flammarion.

Nous comprenons mieux maintenant le mot de Jean-Jacques Rousseau : la démocratie est faite pour des dieux. Comment en effet pourrions-nous jouir de ce droit d'expression relativement récent dans l'histoire de l'humanité sans exprimer autre chose que ce qui en nous est le plus naturel : notre individualisme ?

Notre démocratie n'est plus, comme hier, menacée par le fascisme ou le communisme, mais par notre individualisme et nous ne nous en rendons pas compte. Pascal Bruckner a évoqué une « mélancolie démocratique [175] », pour qualifier cette situation à la fin de la guerre froide. Perdant leur ennemi avec l'écroulement du bloc de l'Est, les démocraties sombrent dans une sorte d'apathie. Lorsque nous ne nous battons plus pour elles, elles se dégonflent comme des baudruches. Peut-être, comme le bonheur, s'éprouvent-elles plus dans la conquête que dans la possession [176]...

La critique de la démocratie réduite à l'idée que le peuple n'a pas le pouvoir est donc inopérante pour une nouvelle raison : le peuple ne veut pas le pouvoir. Le peuple, d'ailleurs, n'existe pas : il n'y a que des individus vivant les uns à côté des autres dans une société éclatée.

La critique visant à dire que la démocratie secrète de l'individualisme [177] est en revanche plus pertinente.

---

175. Pascal Bruckner, *La Mélancolie démocratique : comment vivre sans ennemis ?*, Seuil, 1992.

176. Voir chapitre « Réfléchir peut-il nous rendre heureux ? ».

177. Une des conséquences d'un tel individualisme peut être

Si la démocratie devient ce régime incapable de mener une bonne politique, si vraiment le régime des grands principes fait de nous des égoïstes envieux et laisse les plus démunis sur le trottoir, alors on comprend que la tentation d'un pouvoir fort puisse revenir, ou au moins celle de lui préférer une aristocratie. Le meilleur gouvernement n'est-il pas en effet le gouvernement des meilleurs, de quelques individus compétents animés par le souci de l'intérêt général ? Différentes cités de la Renaissance fonctionnaient selon ce principe, celle de Venise par exemple, qui n'était ni une monarchie ni une démocratie, mais une aristocratie : le pouvoir d'une équipe restreinte de

---

la rupture de certaines solidarités traditionnelles. En Afrique, les appartenances claniques ou tribales assurent le plus souvent les individus de bénéficier de cette solidarité minimale. Chaque clan ne prend le pouvoir que pour nourrir les siens, sans souci du pays dans sa globalité. Le pouvoir politique non démocratique entretient de facto cette solidarité tribale. De même, en France, du temps des monarchies féodales, la société était extrêmement hiérarchisée – sous le roi, les suzerains et les vassaux –, composée d'une grande diversité de seigneuries, et cette hiérarchisation inégalitaire appelait avec elle différentes strates de solidarité, non nationales mais très efficaces. Les plus faibles y étaient alors assistés ; l'individualisme moderne n'existait pas encore. Le progrès de l'idée d'égalité peut paradoxalement briser ces solidarités ou modes d'assistance des plus faibles. On retrouve ici l'idée d'un éclatement du corps social, qui n'apparaît plus simplement dans le débat, mais menace directement les individus les plus faibles. En témoignent tous ces SDF gisant sur les trottoirs de nos démocraties. L'argument d'Alexis de Tocqueville résonne alors singulièrement : si nous sommes tous égaux, pourquoi assister les plus faibles ? Là réside d'ailleurs l'explication du communautarisme aux États-Unis : il contrebalance la nature de cette société postmoderne où les anciennes

bourgeois éclairés, réunis autour du Doge [178]. La question se pose d'autant plus que la démocratie elle-même semble être le pouvoir de *quelques-uns*.

Si la démocratie est à ce point instable, pourquoi ne pas lui préférer une tyrannie ? Aristote expliquait que seule une « bonne » tyrannie, à la différence de la démocratie, était capable, en portant au pouvoir un tyran venu du peuple, de protéger les individus des abus des « notables [179] ». Karl Marx justifiait la nécessité d'une tyrannie, la « dictature du prolétariat », comme préalable à l'instauration d'une démocratie.

Toutes ces tentations sont encore accrues par la lenteur propre à la démocratie. Un régime assurant le respect de la diversité des sensibilités ou minorités ne peut être trop brutal dans son action, faute de jeter certaines catégories de la société dans la rue et de se trouver face à un blocage. Le pouvoir autoritaire ne connaît pas ce genre d'entraves ; il peut agir vite. C'est une des raisons pour lesquelles de nombreux hommes politiques européens accueillirent d'abord le fascisme d'un œil favorable. Ainsi Churchill affirma-t-il en 1933 : « Le génie romain, personnifié par Mussolini, le plus grand législateur vivant, a [...] indiqué

---

solidarités n'existent plus. Il est donc le seul refuge de ceux qui n'ont plus rien.

178. Le système chinois des mandarins, en Chine, à une tout autre échelle, de l'Antiquité à... 1911 était aussi une oligarchie : ces mandarins qu'admirait tant Voltaire, des sortes d'énarques avant l'heure, étaient recrutés uniquement sur compétences...

179. Aristote, *Politique*, 1310b, 12-14.

la voie que peut suivre une nation lorsqu'elle est courageusement gouvernée [180] ».

C'est probablement l'infidélité de la démocratie à ses valeurs principales, plus que ses difficultés effectives de fonctionnement, qui renforce cet attrait des autres régimes. La démocratie a si souvent échoué à appliquer le principe *sine qua non* de toute démocratie : que le peuple tout entier, non pas gouverne, mais jouisse simplement de la condition d'homme libre ! Rappelons que la démocratie américaine du XVIIIe acceptait elle aussi l'esclavage. La Constitution américaine, non seulement l'admettait, mais incorporait parmi ses principes la législation odieuse contre les esclaves fugitifs. Thomas Jefferson, l'un des rédacteurs du projet de Déclaration d'indépendance américaine, avait lui-même des esclaves dans son domaine... Près de deux siècles plus tard, Roosevelt [181] se réjouira explicitement du génocide des Sioux... Esclavage, génocide, racisme... autant de pierres d'achoppement des grands discours démocratiques. Les révolutionnaires français qualifièrent ainsi de « liberté égoïste » cette liberté réservée en fait à une minorité, et dénoncèrent ce passif de la démocratie grecque comme américaine, et même de la Révolution française depuis 1789.

---

180. Discours du 18 février 1933 devant la ligue antisocialiste britannique.

181. Roosevelt : « Je n'en suis pas à croire qu'un bon Indien est un Indien mort en règle générale, mais je pense que c'est le cas neuf fois sur dix ; d'ailleurs, je ne voudrais pas enquêter trop en profondeur sur le dixième », cité par Luciano Canfora, *La Démocratie, histoire d'une idéologie*, *op. cit.*, p. 204.

Il est vrai que la démocratie est infidèle à son idéal, qu'elle dysfonctionne la plupart du temps. Mais ces régimes non démocratiques aussi peuvent dysfonctionner, et les conséquences sont alors bien pires que celles des dysfonctionnements de la démocratie.

Lorsqu'une monarchie éclairée est infidèle à son idéal, elle se mue en tyrannie.

Lorsqu'une aristocratie est infidèle à son idéal, elle devient une ploutocratie : les plus riches, et non les plus compétents, accaparent le pouvoir et les ressources du pays.

Lorsqu'un régime traditionnel clanique est infidèle à son idéal, il ne nourrit même plus son clan mais détourne les ressources de l'État au profit de quelques individus, et laisse les autres mourir de faim.

Lorsque la démocratie est infidèle à son idéal, depuis qu'elle a reconnu tous les hommes libres, depuis en tout cas le XXe siècle, elle vire simplement en tyrannie de la majorité et alimente notre individualisme naturel [182]. Mais même alors elle nous protège des dérives des autres régimes.

182. C'est ce qu'exprime Platon lorsqu'il présente la démocratie comme le pire des bons régimes (la démocratie optimale est moins bonne que la monarchie éclairée ou qu'une oligarchie compétente) mais aussi comme le meilleur des mauvais régimes (la démocratie qui dysfonctionne, que Platon nomme démagogie, est préférable à une monarchie qui dysfonctionne, à une tyrannie donc, ou à une oligarchie qui dysfonctionne, une ploutocratie).

3. Le perfectionnement de la démocratie dépend du nôtre.

Même loin de son idéal, la démocratie est le régime qui assure le plus de garanties aux individus contre les excès du pouvoir. La vertu de la démocratie nous est finalement quasiment invisible. Nous ne voyons plus que ses défauts parce que nous avons la chance d'être épargnés depuis soixante ans par les délires des autres régimes – police politique, enfermement arbitraire, déportation, absence de liberté d'expression, génocide...

La démocratie est le régime qui limite le plus la capacité d'action des gouvernants. Si l'on pense que tout pouvoir politique corrompt[183], alors le pouvoir absolu corrompt absolument[184], et le pouvoir le plus faible, le pouvoir démocratique, est celui qui corrompt le moins. Les raisons à cela sont on ne peut plus pragmatiques. Des gouvernants contraints de gagner ou de garder les faveurs de ceux qu'ils gouvernent sont obligés de ne pas trop abuser de leur pouvoir. Aucun des gouvernants des autres régimes n'a ce problème. Dans une démocratie, la compétition entre les différents prétendants au pouvoir rend de plus extrêmement dangereux ces abus : ils peuvent être, s'ils sont découverts, utilisés comme arguments

---

183. Parce qu'il donne à un individu un pouvoir en quelque sorte « contre-nature », en tout cas totalement disproportionné au regard du pouvoir que cet individu aurait naturellement sur les autres.

184. C'est un argument classique qui est celui du « pessimisme », et notamment celui de Raymond Aron.

par des membres de l'opposition. Cette instabilité que nous avons critiquée, tenant à la compétition permanente pour le pouvoir, est donc aussi un garant de nos libertés minimales. Un régime qui ne repose sur aucune tradition multiséculaire ou n'est l'émissaire d'aucune vérité révélée est en effet relativement instable, mais c'est aussi pour cela qu'il ne peut pas trop abuser de son pouvoir. N'oublions pas que c'est l'idée d'un pouvoir politique inspiré par la vérité de Dieu qui a justifié, dans l'essentiel de l'Histoire, les déchaînements de violence arbitraire contre les individus [185]. Le fait que la démocratie ne nous arrache pas à notre individualisme pèse alors peu de poids devant ce respect des individus dont aucun autre régime ne peut se targuer. En ce sens, elle est bien le meilleur régime, mais par défaut. « La démocratie est le pire des régimes, à l'exception de tous les autres », résumait Churchill.

Il nous faut donc défendre notre démocratie, cette réalité on ne peut plus concrète qui nous protège des abus du pouvoir. Mais comment ? Et si la seule façon de sauver cette réalité de la démocratie était de croire en son idéal ? Les hommes ne se battent pas pour défendre un moindre mal, mais pour un idéal. C'est souvent en visant l'impossible qu'ils atteignent simplement ce qu'il est possible de faire aujourd'hui [186].

Si la démocratie est le moins mauvais des régimes,

185. Voir chapitre « Faut-il croire en Dieu ? ».

186. Voir Max Weber, *Le Savant et le Politique*, la dernière page, sublime à tous points de vue.

pouvons-nous faire en sorte qu'elle devienne vraiment le meilleur ?

Est-ce dans la nature de la démocratie d'être infidèle à son idéal, de faire de nous des individus égoïstes et envieux, ou cette perversion n'est-elle que conjoncturelle ?

Alexis de Tocqueville pensait que cette dérive était inscrite dans l'*essence* de la démocratie. Platon aussi, mais lorsqu'il critique si sévèrement la démocratie athénienne, il critique une démocratie *naissante*. Qu'elle dégénère immédiatement – les sophistes vendent leurs services aux enfants des familles les plus riches, qui débattent donc mieux et imposent leurs vues – est souvent présenté comme une preuve de la nature foncièrement mauvaise de ce régime. Peut-être la démocratie n'est-elle pas un régime à appliquer clés en main ? Peut-être est-elle un processus historique, évolutif, à réformer sans cesse ? Platon et Alexis de Tocqueville ont probablement raison : leurs contemporains n'étaient pas prêts à comprendre ce qu'exigeait d'eux leur liberté nouvelle. Mais comment l'auraient-ils été ? Ils étaient asservis depuis toujours...

Il n'y a aucun Destin de la démocratie, aucune relation cosubstantielle entre ce régime politique et la régression des individus en son sein. Il suffit, pour s'en convaincre, de constater qu'en France, sous la IIIe République, la démocratie fut le théâtre du progrès des idées républicaines, et notamment de la fraternité. La démocratie devint *républicaine*, l'école un moyen pour les plus défavorisés de progresser socialement, d'échapper au malheur d'une mauvaise naissance. La démocratie dans ces années-là ne sembla pas secréter un individualisme outrancier mais plutôt véhiculer dans certaines consciences un souci du bien commun. La démocratie fut d'abord directe, elle est maintenant indirecte. Elle fut républicaine, fraternelle [187], et semble aujourd'hui en France plutôt « individualiste ». Il n'est pas dans le destin de la démocratie de faire de nous des individualistes envieux : il peut en être autrement puisqu'il en a été autrement. La démocratie est un régime pris dans l'Histoire. Peut-elle aujourd'hui se rapprocher de son idéal ?

La mondialisation de l'économie menace la politique à l'échelle nationale, et donc la possibilité pour les individus des « démocraties libérales » de croire en elle [188].

Cette mondialisation de l'économie et les étroites marges de manœuvre qu'elle laisse aux politiques nationales entraîne une pauvreté de l'offre politique.

---

187. La référence à cette fraternité républicaine prouve d'ailleurs que nous avons tort de vouloir enraciner la démocratie uniquement dans les choix rationnels des individus. Certains affects aussi peuvent être positifs : la fraternité est affaire de cœur plus que de raison. Aristote expliquait déjà que la délibération rationnelle entre citoyens pouvait faire naître la *filia*, cette forme particulière d'amitié entre citoyens. Affirmer que nous exprimons trop souvent des affects dans nos modes d'expression démocratique n'est donc qu'à moitié pertinent.

188. Voir notamment Jacques Rancière, *La Haine de la démocratie*, La Fabrique, 2005, où il écrit (p. 89) : « En se déclarant simples gestionnaires des retombées locales de la nécessité historique mondiale, nos gouvernements s'appliquent à expulser le supplément démocratique. »

La démocratie, c'est la compétition pacifique... mais si plus rien n'est en compétition ?

Un autre élément conjoncturel négatif réside dans ce que nous pourrions appeler une situation prérévolutionnaire, enfantée par cet individualisme outrancier et l'absence prolongée d'un véritable souci des exclus de la démocratie. La stabilité d'un système vient de ce que les membres des couches les plus défavorisées de la société ont l'impression qu'une ascension sociale est possible sans faire la révolution. De nombreuses émeutes ont récemment montré en France que ces exclus n'avaient plus une telle impression.

Notre démocratie est donc fragilisée, menacée selon certains par le risque de guerre civile, un possible renversement de la démocratie en tyrannie. L'éducation à la démocratie est donc plus que jamais d'actualité.

L'« excès révolutionnaire », c'est de croire que la démocratie réglera tous nos problèmes, qu'elle nous apportera le bonheur et apaisera tous nos conflits sociaux.

L'« excès individualiste » : c'est de ne la voir que comme un droit à l'égoïsme, le moyen d'un bonheur réduit à la jouissance privée.

Nous devons comprendre que la démocratie ne peut pas tout, mais qu'elle ne peut pas rien non plus. Car les deux attitudes portent en elles la même menace : la dictature, une dictature politique dans le premier cas, l'économique dans le second.

La balle est dans notre camp. Soit nous restons des individus égoïstes, et la démocratie restera quand même le meilleur régime, mais par défaut. Soit nous savons vouloir le bien commun, et la démocratie deviendra vraiment le meilleur des régimes, le seul régime capable de nous rendre meilleurs. Il y a là un cercle vertueux : si nous devenons meilleurs, c'est la démocratie elle-même qui devient meilleure, ses dirigeants élus, ses politiques effectives, et cette démocratie nous rend à notre tour meilleurs. Il s'en faut de très peu, et le cercle devient vicieux. Notre démocratie n'est plus directe, elle ne l'a presque jamais été. Nous ne votons plus à main levée. Mais nous devons plus que jamais la tenir à bout de bras.

La démocratie nous demande le meilleur, et c'est en effet un peu trop. Mais c'est en visant l'idéal que nous préserverons un régime qui, en réalité, est le seul à nous protéger des dérives des autres. Lors des funérailles de Milosevic, nombreux furent les Serbes à l'acclamer. « On nous a promis que la démocratie nous permettrait de vivre mieux, et c'est encore pire que du temps de Milosevic », se justifièrent-ils. Étonnante image : ils acclament le tyran mort plutôt que la démocratie malade ; ils préfèrent la tyrannie à la démocratie. Nous avons encore le choix. Notre démocratie est malade. Soit nous la guérissons de notre individualisme et de notre infantilisme, de notre abstentionnisme et de notre « égalitarisme », nous guérissons de notre égoïsme et les élites de leur mépris. Soit nous finirons en effet par lui préférer un tyran. Et par comprendre, trop tard, que nous avons perdu le meilleur des régimes – non pas le gouvernement du peuple (il n'a jamais existé et n'existera jamais, le pouvoir est toujours un *pouvoir sur*), mais le seul régime capable de nous rendre meilleurs. Les contemporains des démocraties naissantes n'avaient peut-être pas tort. La démocratie est plus qu'un régime politique : elle est une possibilité de perfectionnement humain. Mais il faut que nous le voulions.

DIMANCHE

Comment se préparer à mourir ?

> *« On ne sait jamais comment terminer les choses. Et pour cause, ça n'arrive qu'une fois. Aucun mode d'emploi n'a jamais été écrit là-dessus... alors il faut improviser. »*
>
> Irvin D. Yalom [189]

Il n'en pouvait plus, n'arrivait plus à rien. Mais il a pensé à tout. Il a pris rendez-vous avec son notaire, réglé les questions d'héritage, laissé des lettres à ses proches, à ses collaborateurs aussi. Il a préparé ses vêtements, le revolver, la balle. Il a même payé ses factures en retard. Ceux qui retrouveront son corps constateront qu'il avait tout prévu, préparé son suicide comme on organise un voyage.

Le kamikaze, lorsqu'il prémédite son attentat suicide, « se prépare » lui aussi à mourir. Il s'agit même souvent d'une préparation encadrée, à l'image d'une

189. Irvin D. Yalom, romancier et psychiatre américain, *Apprendre à mourir*, Galaade Éditions, 2005, p. 163.

préparation militaire, avec ses aspects pratiques (armement, camouflage, questions financières...) et ses aspects théoriques (sens de ce sacrifice, « théologie appliquée »...)

Dans les deux cas, se préparer à mourir, c'est tout faire pour cela, vouloir la mort comme une délivrance ou un moyen d'obtenir quelque chose : la fin de la souffrance, une victoire remportée contre l'Occident ou simplement une place au Paradis, une somme d'argent pour sa famille...

Mais si nous pensons que la mort ne nous apportera rien, qu'elle est au contraire *privation* de ce qui nous est le plus cher, bref si nous ne voulons pas mourir, si même nous voulons tout faire pour vivre le plus possible, « se préparer à mourir » a-t-il simplement un sens ?

Il est difficile de se préparer à quelque chose dont nous n'avons jamais fait l'expérience. L'expression « ma mort » n'a probablement pas grand sens. Le deuil de mes proches me souffle que je peux mourir mais ne me dit rien de « ma mort », parce que je reste là, parce que la vie continue. La mort comme état de mort ne peut être directement expérimentée. Nous ne rencontrons finalement que les conséquences de la mort : le cadavre, le deuil, la tristesse, les rendez-vous chez le notaire, la nécessité de l'adieu, le remords... Nous rencontrons aussi les prémisses de la mort : la maladie, la vieillesse, l'ébranlement existentiel. Mais nous ne rencontrons pas la mort ; nous ne pouvons nous la représenter. Nous ne savons même pas ce qu'elle est, si elle ouvre sur l'infini ou sur le néant, nous jette dans le Tout ou dans le rien du tout. Comment alors nous y préparer ?

D'ailleurs, que le suicidaire ou le kamikaze « s'y préparent » ne signifie pas qu'ils soient, à l'instant de leur mort, véritablement prêts. Peut-être entrevoient-ils alors, en un atroce éblouissement, que cet ultime renoncement les laisse devant la mort complètement démunis. Peut-être saisissent-ils, à l'instant de mourir, que c'est de ne pas renoncer à la vie qui nous y prépare le mieux.

Tant de sagesses ou de religions, qui bien sûr n'invitent ni au suicide ni au terrorisme, nous proposent au contraire de nous préparer à mourir en renonçant, *dès maintenant*, à ce que la mort nous obligera à abandonner. Le bouddhisme, le platonisme, Arthur Schopenhauer, nous invitent ainsi à renoncer à la vie violente des passions, à la vie inutile de nos souffrances, à la vie superficielle de notre corps...

Se préparer à la mort, est-ce *faire le vide*, anticiper sur ce que la mort exigera de nous ? Ou au contraire *faire le plein*, se hâter de se remplir d'impressions et de vie, de passions et d'expériences pour accueillir la mort d'un éclatant « Je suis prêt : j'ai vécu ce que j'avais à vivre » ?

1. Notre refus de la mort nous empêche de nous y préparer.

S'il semble difficile de se préparer à mourir, il est tout aussi difficile de ne pas s'y préparer. Les pessimistes et les nihilistes aiment à répéter que nous sommes accueillis dès notre naissance par un billet nous condamnant à mort, sur lequel il ne manque que la date et l'heure. Ne pouvant pas ignorer ce qui nous attend, il serait alors de simple bon sens de nous y préparer. Mais encore faudrait-il que nous acceptions d'y penser.

Notre condition humaine peut en effet être approchée par ce paradoxe : nous sommes les seuls, parmi les êtres vivants, à savoir que nous allons mourir, et pourtant l'essentiel de nos activités humaines procède d'un souci, soit de ne pas penser à la mort, soit de la combattre par tous les moyens.

Des techniques de survie des premiers hommes aux productions les plus élaborées de l'art ou de la religion, toute la culture humaine est animée par ce souci de vaincre la mort, de la surmonter, de dépasser le cadre naturel de notre vie individuelle. Voilà probablement pourquoi nous avons tant de mal à nous préparer à mourir. S'y préparer, ce serait l'accepter, s'y résigner – non tout faire pour *la vaincre*. Il y a en nous un homme qui veut être plus fort que la mort, ne veut pas s'y préparer parce qu'il ne veut pas l'accepter. Les religions lui proposent souvent un « au-delà », certaines philosophies de toucher par la pensée une vérité *éternelle*, les œuvres d'art de communiquer avec les morts, ou avec des hommes qui ne sont pas encore nés. En ce sens, la culture est déni de la mort. La tradition est encore un peu de la présence des morts, et déjà un peu de la présence des hommes de demain. Vouloir transmettre nos savoirs aux générations futures est une façon de refuser la mort, comme d'ailleurs de dialoguer avec eux, ce que l'écriture nous permet. Se préparer à mourir, ce serait accepter la « loi » de la nature, d'appartenir au règne du vivant au même titre que la plante qui grandit, se tend, puis se fane et s'éteint. Mais notre existence humaine tout entière témoigne de ce refus. Par nos rites funéraires, nous prenons soin des morts un peu comme s'ils étaient vivants... Tous ces soins soulignent aussi combien, à la différence de l'animal, nous sommes inquiets à l'idée de laisser le corps du défunt rejoindre simplement la nature. Ils montrent combien nous sommes attachés à l'image que nous garderons de lui, témoignent d'un souci de la mémoire qui est aussi, à sa façon, un refus de la mort.

« Se préparer » à la mort, l'accepter, exige de nous une humilité inouïe quand notre culture tout entière traduit une attitude inverse : un combat acharné contre la mort, une volonté de la neutraliser.

Certaines caractéristiques de notre temps viennent renforcer la difficulté. Il est devenu de plus en plus rare de voir mourir quelqu'un. On meurt de moins en moins à la maison. La mort devient souvent une mort anonyme à l'hôpital, et l'hôpital une machine à produire des cadavres. C'est comme si nous ne voulions plus voir la mort, non plus parce que la Culture est quête de ce qui perdure, mais sous une forme autrement plus concrète : nous ne voulons plus voir *les morts*, et les mourants encore moins. La mort n'est plus vaincue mais refoulée. De nombreux rites funéraires survivent difficilement à l'urbanisation moderne. Le rassemblement de tous « les siens » autour du mort se heurte à l'éparpillement géographique des membres de la famille, au coût des déplacements et au fait que les hommes meurent de plus en plus loin de leur lieu de naissance. Pour résumer le tout d'une image : les cortèges mortuaires ne sont plus possibles dans les embouteillages. Nous ne voulons plus ici être plus forts que la mort. Nous semblerions plutôt, d'une façon faible ou lâche, vouloir éviter de nous y confronter. Mais la conséquence est la même : nous ne nous y préparons pas, nous essayons encore de lui échapper. La durée de la « veille » est menacée par la nature d'une époque qui ne prend plus le temps pour rien. Les conditions de l'économie moderne empêchent la plupart d'entre nous de veiller plus d'une journée un proche décédé. Il faudrait s'interroger longuement sur cette donnée très simple : légalement, un salarié qui perd un des ses parents n'a droit qu'à trois jours de congé. Ce n'est pas ainsi, en assumant de moins en moins le deuil de nos proches, que nous nous préparerons à mourir.

« N'ayant pu guérir la mort, les êtres humains se sont avisés, pour se rendre heureux, de n'y point penser », soulignait Blaise Pascal[190]. Les travaux de Sigmund Freud[191] nous permettent de comprendre plus en profondeur un tel rejet. Si nous avons bien *conscience* de notre mort inéluctable, « notre inconscient ne croit pas à la mort personnelle, il se conduit comme s'il était immortel[192] » parce qu'il est

190. Pascal, *Pensées*, pensée 168, Garnier, 1961, p. 119.
191. Freud, « Considérations actuelles sur la guerre et sur la mort », dans *Essais de psychanalyse*, Payot, 1915, p. 31.
192. Freud, « Considérations actuelles sur la guerre et sur la mort », dans *Essais de psychanalyse*, Payot, p. 42.

constitué de pulsions qui ne visent que des buts « positifs », que nous voulons au plus profond de nous : vivre, jouir, posséder... « Rien de pulsionnel en nous ne favorise la croyance en la mort. Peut-être même est-ce là le secret de l'héroïsme », conclut alors Sigmund Freud. Un tel refus de regarder la mort en face se traduit par l'accent souvent mis sur la cause soit disant *occasionnelle* de la mort : accident, maladie, grand âge...

Freud distingue néanmoins la mort des autres, ennemis ou étrangers, que nous n'avons aucun mal à envisager, de notre propre mort, que nous ne pouvons même pas nous représenter, que nous n'arrivons pas à tenir pour réelle. Si nous n'avons aucun mal à accepter la mort des « ennemis » ou « étrangers », c'est au fond parce qu'il y a en nous un fort désir de tuer que nous ne voulons pas voir, comme nous ne voulons pas voir notre propre mortalité. C'est une autre façon de ne pas reconnaître la réalité de la mort. « Chaque jour, à chaque heure, dans nos motions inconscientes, nous écartons de notre chemin ceux qui nous gênent, ceux qui nous ont offensés ou lésés. Le "Que le diable l'emporte", qui nous vient si souvent aux lèvres [...] et qui signifie en réalité "Que la mort l'emporte", c'est dans notre inconscient un désir de mort sérieux et plein de force [193] ». Ainsi, dans notre inconscient, la mort de nos « ennemis » ne nous pose aucun problème – elle est même souvent désirée – tandis que la nôtre semble ne pas exister.

193. Freud, *ibid.*, p. 43.

Un tel contraste permet de prendre la mesure du refus de notre mortalité.

C'est bien un tel refus qui éclate au grand jour lorsque nous perdons un être cher. Cette mort-là, au contraire de celle des étrangers, nous renvoie à la nôtre. Nous sommes soudain obligés de faire dans la douleur l'expérience de notre mort possible. Un être aimé qui part, n'est-ce pas une partie de soi qui meurt ? Parfois même, dans le temps de la déflagration, nous ne voulons pas être consolés ou avons ce désir, comme dans le poème d'Heinrich Heine, de « suivre dans la mort ceux que nous aimons ». Nous supportons la perte de l'être aimé d'autant moins que nous passons notre temps à refouler la mort. En sacrifiant le temps de l'accompagnement du mourant comme celui du deuil, nous hypothéquons aussi notre équilibre psychique ultérieur. Et nous vivons de moins en moins bien de ne pas nous préparer à mourir. C'est peut-être d'ailleurs la mort que nous vivons de moins en moins bien : la mort de ces êtres que nous aimons mais n'accompagnons plus, notre mortalité qui nous angoisse mais que tout aujourd'hui aspire à nous cacher.

« Si tu veux supporter la vie, organise-toi pour la mort [194] », proposait au contraire Sigmund Freud, adaptant le vieil adage : « Si tu veux la paix, arme-toi pour la guerre ». Il faudrait alors, pour mieux vivre, pour mieux supporter aussi la mort des êtres aimés, « se préparer à mourir ». Mais comment faire ?

194. Freud, *ibid.*, p. 46.

2. *Se préparer à mourir, c'est renoncer à la vie.*

Puisque la mort nous obligera tôt ou tard à renoncer à ce qui, ici-bas, nous attache à la vie, « se préparer à la mort », pour peu que cela ait un sens, exigerait de nous que nous sachions, dès maintenant, rompre avec nos *attaches*.

La meilleure façon de se préparer à la mort est de ne pas s'attacher à la vie, ou en tout cas à ce qui, dans cette vie, est périssable : cet amour par exemple qui nous attache à des êtres, cette ambition qui nous attache à des postes de pouvoir, ces affects qui nous lient aux êtres ou aux choses, et nous font souffrir.

L'étrange dieu Ganesh – une tête d'éléphant sur un corps de Bouddha – tient souvent une hache dans la main droite et une corde dans l'autre. La hache signifie qu'il nous faut savoir, de notre vivant, couper les liens superficiels qui nous retiennent à la vie. Si la mort est définie comme *privation*, et nous effraie à ce titre, alors privons-nous-en dès maintenant et il n'y aura plus rien à craindre. Nous pourrons jouir de la sérénité du détachement et même de la liberté, puisque plus rien ne nous liera. À l'inverse, si nous ne sommes pas capables de nous défaire de ces liens, la simple idée de la mort nous procurera les pires souffrances, pour ne rien dire de la mort elle-même, qui est le déchirement absolu : l'abandon de ce à quoi nous tenons le plus. Ne plus tenir à rien de ce qui nous retient ici-bas, c'est être prêt à mourir.

Quant à la corde que Ganesh tient dans son autre main, elle n'est pas faite pour se pendre, contrairement à ce que rétorqueront les allergiques à ce genre de sagesse, mais pour se rapprocher des aspirations les plus hautes, s'élever à la contemplation de l'*impermanence* de toute chose. Il faut regarder la vie entière comme un spectacle, embrasser d'un regard impassible ce fleuve où défilent nos désirs et nos peines. S'attacher, si rien ne dure, c'est se préparer les pires tourments. Tout est transitoire, tout glisse comme le paysage derrière la vitre d'un train. Se préparer à mourir, c'est s'imprégner de cette impermanence. Voilà ce que nous propose le bouddhisme, à travers les trois premières « nobles vérités » du Bouddha : 1. La vie est souffrance. 2. La souffrance est causée par l'attachement (aux objets, aux idées, aux individus, à la *survie elle-même*). 3. Il existe un antidote à la souffrance : la cessation du désir, de l'attachement, du moi. En résumé : pour se préparer à mourir, il faut déjà mourir un peu.

Il suffit de prendre l'exemple de l'amour pour comprendre tout ce qui nous laisse insatisfaits dans une telle proposition. Se préparer à la mort de l'être que nous aimons, ce serait donc rompre notre attachement à lui, pour supporter le jour où sa mort nous y contraindra. Il faudrait ne plus aimer cet être éblouissant, *mourir déjà à cet amour* pour se préparer au jour où la mort nous l'arrachera... Autant le dire clairement : nous ne pouvons probablement pas ne pas nous attacher, et nous n'en avons surtout aucune envie. De toute façon, seule une vie monastique rendrait possible un tel détachement absolu. Il y a dans cette sagesse bouddhiste un renoncement qui nous heurte – nous, Occidentaux, serait-on tenté de préciser.

Le plus troublant est alors de constater que bon nombre de sagesses ou de philosophies occidentales, et pas des moindres, nous proposent des « préparations à la mort » ressemblant fort à celle du bouddhisme, pleines elles aussi d'un fort renoncement, pour ne pas dire d'une forte *morbidité*. Les stoïciens nous enjoignent, exactement comme les bouddhistes, à ne pas nous attacher, et Platon écrit que « philosopher, c'est apprendre à mourir ». Il s'agit encore de « mourir à son corps », de s'élever, de son vivant, au-dessus de ce corps périssable pour accéder à un niveau d'existence supérieur, à la contemplation intellectuelle des idées éternelles. La philosophie de Platon est souvent présentée comme une des racines du rationalisme occidental mais, à bien des égards, on y retrouve la hache et la corde du dieu Ganesh. La hache : il nous invite à couper les liens avec notre corps, cette prison charnelle où notre âme est tombée, avec ces sens qui trompent notre raison. La corde : il faut là aussi s'élever sans cesse vers le ciel des idées. Se préparer à mourir, c'est ici encore savoir se détacher de l'inessentiel. On retrouvera d'ailleurs souvent cet argument dans l'histoire de la philosophie, chez Arthur Schopenhauer notamment. Nous pourrions prendre quantité d'autres exemples de ces invitations au renoncement, à une sagesse immobile comme la mort dont elle se veut l'anticipation, à ce détachement qui nous paraît tellement décevant dès lors que nous sommes justement attachés à cette vie, aux êtres que nous rencontrons, aux buts que nous poursuivons dans la souffrance et l'impatience.

Il y a en fait, dans toutes ces sagesses ou philosophies qui nous proposent de nous préparer à mourir, une idée implicite de la mort qu'il est temps de démasquer. C'est peut-être en effet parce que nous ne la partageons pas que nous ne sommes pas convaincus.

La mort nous permet en fait selon Platon, et surtout selon son maître Socrate, d'atteindre l'objectif que nous poursuivions par la philosophie : nous débarrasser du corps. « Philosopher, c'est apprendre à mourir » ne signifie pas simplement qu'il faut apprendre à ne plus craindre la mort, mais aussi et surtout à s'élever au-dessus de toutes ces expressions du corps, souffrances comme plaisirs, qui gênent le parfait épanouissement de notre esprit. Voilà l'implicite : la mort est un Bien. La meilleure façon de s'y préparer est alors de s'en convaincre.

Les philosophes ont souvent voulu nous « préparer à mourir » par des exercices spirituels visant à nous soulager de notre crainte de la mort. Ils utilisaient alors l'argument, célèbre chez Épicure, d'une mort qui n'est pas un mal, qui ne fait pas mal, qui est en fait *indifférente* : la mort en effet n'est *rien* pour nous parce que, tant que nous sommes vivants, la mort n'est pas, et lorsque la mort est, c'est nous qui ne sommes plus. Il n'y aurait donc rien à craindre. Dire que la mort, loin d'être simplement indifférente, représente un Bien, constitue une étape supplémentaire dans l'argumentation. La mort n'est plus pour Socrate un anéantissement effrayant, mais la vie de la pensée enfin rendue à elle-même, enfin allégée du fardeau de ce corps. Socrate semble vraiment *prêt* à mourir. Il ne tremble pas, rassure ses disciples et boit la ciguë. Il s'y préparait en effet depuis des années : à chaque fois qu'il s'élevait par la pensée en dialoguant avec un interlocuteur, il n'avait qu'un désir – ne plus être un corps, pouvoir atteindre la pensée pure. Et voici que la mort lui offre cette possibilité. Se préparer à mourir aujourd'hui, en adaptant alors le message socratique, ce serait savoir s'élever, au cœur de notre vie, de notre amour pour un être par exemple, à la réflexion sur la valeur éternelle de l'amour, percevoir tout le reste (l'amour des corps, la présence de l'autre...) comme inessentiel au regard du fait que cet amour *vaut* pour toujours, et alors ne plus craindre que la mort nous l'enlève. On peut trouver la « préparation » un peu trop théorique... Les bouddhistes nous proposent de nous préparer à la mort d'un être aimé en cessant de l'aimer, Platon en n'aimant plus à travers lui que l'idée éternelle de l'amour. Mais dans les deux cas, la mort est pensée comme un Bien, et il semble que « se préparer à mourir » n'aille pas sans un rejet, une haine de la vie, du corps, et précisément du sexuel.

La promesse d'une authentique « préparation » risque de n'être pas tenue. Se préparer à mourir se réduit trop souvent à une simple réévaluation positive et théorique de la mort. Ainsi un autre argument classique, visant à nous convaincre que la mort est un Bien, est-il de présenter notre immortalité, si elle n'était que la continuation de notre vie, comme ennui abyssal... Plutarque évoque [195] ce récit de deux frères, Cléobis et Biton, fils d'une prêtresse argienne, qui implorent la déesse de leur offrir le plus beau cadeau qu'un dieu ait jamais offert à un homme, et sont retrouvés morts le lendemain matin. Cette idée d'une mort délivrance culmine chez Arthur Schopenhauer : elle y est vue comme une bénédiction, la fin de cette angoisse que constitue notre « existence de bipède », un retour à cette non-existence miraculeuse qui était la nôtre avant de naître. « Si nous frappions sur les tombes et demandions aux morts s'ils aimeraient revenir à la vie, ils secoueraient la tête », conclut Arthur Schopenhauer en un passage devenu le mot d'ordre du pessimisme.

Un tel déferlement de pensées morbides mérite d'être questionné. Mais il y a d'abord une sorte de faute logique dans la plupart de ces raisonnements. Que signifie « la mort est un bien » si le mort, qui n'est plus, ne sent plus rien, est incapable de constater que la mort est ce bien ? Or, la plupart de ces penseurs n'envisagent aucune forme de survie individuelle... De plus, si la mort est vraiment un bien, pourquoi ne pas justifier le meurtre ? Pourquoi en voudrait-on à ceux qui offrent ce « bien » aux autres ?

Plus fondamentalement, « se préparer à mourir » ressemble ici souvent à *vouloir* la mort. Nous avons commencé par opposer la façon de se préparer à mourir du suicidaire à celle du bouddhiste ou de certains philosophes, qui nous proposent aussi de

---

195. Plutarque, *Consolation à Apollonios*, dans *Œuvres morales*, Les Belles Lettres, 1985, t. II.

« renoncer » mais sans nous inviter au suicide. Mais si la mort est un bien, pourquoi ne pas se suicider ? D'ailleurs, Socrate se suicide puisqu'il refuse la possibilité de son évasion...

Si nos grands hommes s'étaient préparés à mourir comme Bouddha ou Socrate nous y invitent, auraient-ils réalisé leurs œuvres ? Si l'on est persuadé de l'impermanence de toute chose, comment vouloir laisser une œuvre dans l'Histoire ? L'idéal monastique du Bouddha procure probablement la sérénité, mais à quel prix... Dostoïevski aurait-il écrit *Les Possédés* s'il avait été serein ? Victor Hugo aurait-il écrit avec la même rage s'il s'était « préparé à mourir » ?

C'est probablement parce qu'ils ne veulent pas mourir, parce qu'ils la refusent au plus profond d'eux-mêmes, qu'ils s'épuisent ainsi à vouloir laisser une œuvre, à « mourir plus loin que la mort », comme l'écrivait Maïakovski [196] des poètes. À l'inverse, c'est parce qu'ils veulent mourir et s'entraînent à mourir déjà *avant la mort* que les bouddhistes ou les sereins ne nous laissent d'autre œuvre que le souvenir d'une silhouette s'effritant peu à peu, s'évaporant comme une flaque sous le soleil. C'est bien là notre but, répondraient-ils évidemment : se fondre dans le flux, retrouver l'impermanence, cesser de souffrir de nos attachements à la vie, mourir enfin. Mais ce n'est pas le nôtre. Si nous ne pensons pas la mort comme un bien, comment nous y préparer ? Si nous pensons que la vie est le Bien, comment nous préparer à la quitter ?

---

196. Vladimir Maïakovski, *Poèmes 1913-1917*, Messidor/Temps actuels, 1984.

Lorsque Sigmund Freud écrivait : « Si tu veux supporter la vie, organise-toi pour la mort », il ne nous demandait en aucun cas de vouloir notre mort, et encore moins de vivre maintenant comme si nous étions déjà morts. Il voulait dire, au contraire, que la meilleure façon de vivre, la plus intéressante en tout cas, était de vivre avec la pensée de la mort, de prendre pleinement conscience du risque de la mort, donc de cesser de fuir l'idée de notre mortalité. Il est vrai que les bouddhistes ou les stoïciens nous enjoignaient eux aussi à ne plus la fuir, mais c'était pour nous offrir l'apaisement, la sérénité, là où Sigmund Freud vise une intensification de notre existence. « La vie s'appauvrit, elle perd de son intérêt, dès l'instant où dans les jeux de la vie il n'est plus possible de risquer la mise suprême, c'est-à-dire la vie elle-même[197]. » Sigmund Freud ne nous invitait ni au renoncement ni au détachement, mais nous proposait pourtant « de nous organiser pour la mort ». Serait-il possible de se préparer à mourir d'une façon non morbide ?

3. *Se préparer à mourir, c'est vivre ce qu'on a à vivre.*

Faudrait-il alors, pour se préparer à mourir, non pas *mourir un peu* mais au contraire *vivre beaucoup* ? En quoi une telle intensification de l'existence tiendrait-elle lieu de préparation à la mort ?

197. Freud, *ibid.*, p. 33.

Pour répondre, nous pouvons proposer une autre définition de la mort : peut-être n'est-elle ni un bien en soi, ni un mal en soi, mais *un bien ou un mal selon les circonstances.* La mort qui frappe un être en plein devenir, qui ne s'est pas réalisé dans l'existence, n'est pas la même que celle qui vient cueillir un vieillard entouré de ses enfants et de ses petits-enfants, rempli du souvenir et de la fierté de tout ce qu'il a accompli. Se préparer à mourir, c'est peut-être alors vivre. Mais une telle proposition peut s'entendre de deux façons très différentes. Soit multiplier les expériences les plus diverses, en recherchant le maximum d'intensité, pour épuiser dans une manière de boulimie toutes les possibilités que la vie nous réserve. Soit faire des choix et privilégier certaines dimensions de l'existence, justement parce que la mort peut surgir à tout moment.

Examinons d'abord la première : épuiser la vie. Il ne s'agit pas simplement d'éprouver les affects les plus extrêmes ou de vivre les situations les plus diverses, de mépriser le bouddhiste qui « fait le vide » en faisant le plein d'impressions et de rencontres. Il peut s'agir aussi, en atteignant cette intensité, ou plus précisément le moment où cette intensité, alors à son comble, s'apprête à retomber, d'entrevoir ce qu'est la mort. Ne parle-t-on pas de l'orgasme comme de la « petite mort » ? Ne dit-on pas des grands voyages, lorsqu'ils nous obligent à quitter nos habitudes et nos proches, que « partir, c'est mourir un peu » ? Lorsque le sommeil nous impose son diktat après une journée bien remplie, lorsque nous nous écroulons après une nuit blanche, n'avons-nous pas un avant-goût de notre mort prochaine ?

Mais il est difficile de savoir si de tels affects ont vraiment quelque chose à voir avec la mort, s'il ne s'agit pas que de simples métaphores. De plus, nous n'aurons jamais « épuisé la vie ». D'autres expériences seront toujours possibles. Nous ne serons donc jamais « prêts » à mourir. Les individus qui cherchent ainsi à diversifier la palette de leurs émotions, voire ceux qui frôlent la mort dans des expéditions extrêmes ou l'abus de drogues, sont le plus souvent des êtres qui ont peur de la mort, la fuient beaucoup plus qu'ils ne s'y préparent, ou alors sont suicidaires, et donc encore une fois *la veulent*. Or, nous cherchons ici une façon de nous préparer à mourir compatible avec notre désir de vivre. Que vaut une vie passée à rechercher l'intensité émotionnelle si nous n'en comprenons même pas le sens ? Nombre de ces jouisseurs, boulimiques de la vie, se retrouvent sur le divan, soudain cloués par une angoisse de mort. La psychanalyse nous invite au contraire à assumer nos choix, à répondre de nos choix passés comme à essayer de reprendre le pouvoir sur nos choix futurs.

Comme nous n'avons qu'une vie, et qu'elle risque d'être interrompue à tout moment, « se préparer à mourir » peut signifier alors choisir ce qui est important, ne pas s'éparpiller dans une multiplicité de quêtes mais essayer de réaliser ce que nous voulons vraiment avoir accompli avant de mourir. Rechercher partout l'intensité maximale peut même devenir un obstacle à cet accomplissement. Nous pouvons prendre différents exemples de ces choses *que nous devons faire avant de mourir*, tant dans la sphère privée que dans la sphère « professionnelle ».

Nous pouvons dire, par exemple, que ne pas emporter dans sa tombe un secret de famille est une façon de se préparer à mourir. Dans *Un secret*[198], Philippe Grimbert raconte comment il a délivré son père de son secret de famille, la mort d'un de ses enfants, son propre frère donc, déporté par les nazis. Non seulement le dévoilement de ce secret libère son père d'un poids trop lourd à porter, qui explique une bonne part de ses ratés jusque-là, mais en plus il libère Philippe Grimbert lui-même, lui permet de mieux comprendre son enfance, tant de ressentis et d'inhibitions qui étaient restés inexpliqués. Emporter avec soi dans la mort un secret de famille, c'est interdire aux survivants de comprendre leur histoire, les condamner à la souffrance spécifique de celui qui ne comprend pas pourquoi il souffre, celle qui donnera des névroses et plus tard des psychoses. Nous pouvons dire, de même, que demander pardon à ceux que nous aimons et avons fait souffrir, se réconcilier avec ses enfants, ou avec ses parents, si les difficultés de la vie nous ont séparés, est une façon de se préparer à mourir. C'est d'ailleurs l'inverse de ce que nous demandent les bouddhistes : au lieu de briser nous-mêmes nos liens pour n'être pas surpris par la mort, nous les renouons pour n'être pas détruits par une mort nous interdisant à jamais de renouer de tels liens. Se préparer à mourir, c'est alors se demander :

---

198. Philippe Grimbert, *Un secret*, Grasset, 2005.

qu'est-ce qui est vraiment important ? Qu'est-ce que je dois privilégier ? Qu'est-ce que je ne dois pas emporter dans ma tombe ? Qu'est-ce que je dois laisser ici, comme exemple, comme réalisation de soi, comme legs à ceux que j'aime ? Qu'est-ce que je dois *délivrer* ? *Qui* est-ce que je dois délivrer ? La mort de nos proches peut être l'occasion d'un tel questionnement, et à ce titre nous préparer un peu à la nôtre.

Nous comprenons mieux pourquoi la philosophie de Platon nous paraissait si discutable. À cette question : « Qu'est-ce que je dois privilégier ? », il répond : la vie contemplative du sage. Et les autres hommes ? Et le monde des hommes ? Et l'objectivation de ma valeur en cette courte vie ? Pour se préparer à mourir, il propose de *philosopher*. Comment expliquer qu'un des philosophes qui ont donné naissance à notre civilisation se détourne ainsi de la vie ?

Se préparer à mourir, c'est plutôt faire, et même se hâter de faire, ce que nous estimons avoir à accomplir. Et c'est aussi cesser de perdre sa vie dans des activités où nous ne nous accomplissons pas. Cela implique donc une introspection, voire une authentique psychanalyse, si on définit l'analyse comme une façon de découvrir son désir profond[199]. Tous ceux qui accompagnent les mourants le constatent : la peur de la mort est d'autant plus forte que les mourants ont l'impression d'avoir raté leur vie, d'avoir eu une vie inachevée, d'avoir manqué d'amour, de chance, bref de ne pas s'être réalisés. Au contraire, l'impression

199. Voir Pierre Rey, *Une saison chez Lacan*, Points Seuil, 2003.

d'accomplissement atténue la peur de la mort. Voilà qui détruit l'argument de tous les pessimistes et de tous les nihilistes, d'Arthur Schopenhauer à Émile Cioran, pour qui la mort est un bien qui nous délivre de la souffrance et de l'humiliation. Si tel était le cas, ceux qui ont été le plus humiliés par la vie verraient la mort venir comme on voit venir une délivrance. Ils n'auraient pas *plus* peur que les autres. D'ailleurs, Arthur Schopenhauer se contredit lui-même, et pas n'importe où, dans le dernier fragment de ses notes autobiographiques. Lui qui a toujours dénoncé la vie comme une imposture, « un pendule oscillant, de droite à gauche, de la souffrance à l'ennui[200] », un fardeau dont la mort nous allège toujours trop tard, écrit pourtant ceci : « J'ai toujours espéré que ma mort serait facile, car, à la différence des autres hommes, le solitaire s'y entend en cette affaire. Au lieu de finir dans les singeries dont sont capables les lamentables bipèdes, c'est joyeux que je retournerai là d'où une grâce m'avait laissé partir, conscient d'avoir rempli ma mission[201] ». S'il se réjouit d'avoir « rempli sa mission » ici-bas, c'est bien que cette vie ne vaut pas *rien*, qu'elle n'a pas été faite que de souffrance et d'ennui[202], et qu'une vie accomplie nous prépare mieux à la mort que le renoncement.

---

200. Schopenhauer, *Le Monde comme volonté et comme représentation*, PUF, 1996, t. I, p. 323-325,.

201. Voir *Schopenhauer et les Années folles de la philosophie*, de Rudiger Safranski, PUF, 1990.

202. Pour une critique pertinente de ce pessimisme poseur, voir Nancy Huston, *Professeurs de désespoir*, Actes Sud, 2004, notamment p. 49, 69.

La mort n'est donc pas un bien, mais elle est d'autant moins un mal que nous avons accompli dans notre vie ce que nous « devions » accomplir. On voit parfois des individus, condamnés à mort par une maladie, continuer à vivre *exactement comme avant.* Au lieu de rompre avec leur activité de médecin, de paysan, d'artiste, d'homme politique... et de partir expérimenter des affects ou des lieux inconnus, au lieu de renoncer dès maintenant à la vie en anticipant leur mort par un suicide, ils continuent à exercer leur profession comme si de rien n'était, pour peu bien sûr que leur santé le leur permettre et que les souffrances les épargnent. Il s'agit souvent dans ces cas-là d'êtres qui se réalisent dans leur voie, y objectivent le sens de leur existence et y obtiennent une reconnaissance. Là où d'autres, qui n'ont pas trouvé leur place dans le monde ni le sens de leur vie, seraient tentés par le suicide comme par une ultime délivrance, ou une ultime liberté, ils se préparent à mourir en continuant simplement à faire ce qu'ils savent faire de mieux, à s'accomplir. C'est en tout cas, selon eux, la meilleure façon de s'y préparer.

Cela ne signifie pas, bien sûr, qu'ils soient *prêts* à mourir. Si la vie bat encore, réclame encore son lot de joies et d'expressions de toutes formes, si la vie est comme l'écrit Friedrich Nietzsche, « ce qui toujours doit se surmonter soi-même[203] », ce n'est pas parce que nous nous accomplissons sur cette terre et nous sommes réconciliés avec ceux que nous aimons, que nous sommes prêts à mourir.

203. Nietzsche, *Ainsi parlait Zarathoustra*, GF-Flammarion.

Probablement tremblons-nous moins que ceux qui emportent dans la tombe la certitude du malheur de leurs enfants et de leurs échecs répétés, mais nous ne sommes pas pour autant prêts à mourir. Un être a-t-il un jour épuisé toutes les possibilités de son être ? Non, pouvons-nous espérer. La mort vient alors toujours trop tôt. Aurons-nous un jour suffisamment de reconnaissance ? Non, répond Hegel, justement parce que nous sommes mortels, le savons et, au fond, ne pouvons l'accepter. Cette inquiétude est telle qu'il nous faut alors cette consolation, la reconnaissance des autres hommes. Mais l'inquiétude est telle que nous n'en aurons jamais assez. Encore une fois, même pour ceux qui « se réalisent », la mort vient toujours trop tôt.

Nous pouvons essayer de nous préparer au mieux à mourir, mais en sachant que nous ne serons jamais vraiment prêts.

Notre vie organique elle-même se définit comme refus de la mort. Le médecin Bichat[204] définit ainsi la vie comme « l'ensemble des fonctions qui résistent à la mort », ce qui fait résonner le propos freudien sur la vitalité de nos pulsions les plus profondes. « Être, c'est persévérer dans son être », écrivait déjà Baruch Spinoza, préfigurant la définition nietzschéenne d'une vie cherchant toujours à se « surmonter elle-même ». Pourquoi insister ainsi ? Pourquoi une telle énumération de citations ? Parce que dans leur

204. Anatomiste et physiologiste français (1771-1802).

beauté même, dans la vérité qu'elles portent, elles nous soufflent déjà qu'il vient un temps où cette vie se retire, où les forces résistent de moins en moins bien à la mort, où il est de plus en plus difficile de persévérer dans son être, où la vie cherche toujours à se surmonter elle-même mais n'y arrive plus. Cela s'appelle vieillir. Finalement, la vie vieillissante nous prépare doucement à la mort, nous retire même parfois jusqu'à la force de la craindre, nous habitue à renoncer avec une force de conviction autre que celle des bouddhistes ou d'Arthur Schopenhauer. Nous ne renonçons pas à tout en même temps, mais, peu à peu, nous renonçons au travail, à certains plaisirs, à la santé, à marcher, à conduire, à conduire seul sa vie... Nous ne voyons plus ces proches qui ont vieilli plus vite et que la mort nous a ravis, ni ce conjoint qui est parti avant, qui nous a laissé seul après des décennies de vie ensemble. C'est tout juste si nous n'aurions pas préféré être à sa place... Mais nous apprenons à renoncer à eux.

La mort est l'impossibilité de toute possibilité ultérieure, écrit Martin Heidegger[205]. La vieillesse nous familiarise progressivement avec l'impossible. Il est d'abord impossible d'entendre correctement, ensuite de se lever... et puis un jour il devient impossible de vivre.

---

205. Martin Heidegger, *L'Être et le Temps, Qu'est-ce que la métaphysique*, Gallimard essais, pp. 140-163.

La vie qui se retire peu à peu nous prépare à la mort autrement plus efficacement que les prêches des religieux ou les raisonnements des philosophes. Inutile de demander à Ganesh de nous prêter sa hache ou aux stoïciens des conseils pratiques pour nous détacher de la vie. Le temps qui passe et fatigue notre corps défait peu à peu tous les liens qui nous retiennent à la vie. C'est vrai, nous l'acceptons d'autant mieux que nous avons fait, *à temps*, ce que nous estimions devoir faire. Les satisfactions que nous retirons de la vie, la vie elle-même qui se retire doucement sont d'un plus grand secours que les belles théories.

REMERCIEMENTS

Je tiens à remercier particulièrement les êtres chers sans qui ce livre ne serait pas ce qu'il est :

Merci à Clarisse Verrier pour la précision de son regard, son talent pour repérer l'essentiel, ici comme ailleurs. La force de l'amour, retrouvé en Argentine, m'a donné celle de m'engager sur un chemin difficile, qui me conduit aujourd'hui à ce livre.

Merci à Bernard Clerté, qui fut mon professeur avant de devenir mon collègue et ami, pour sa rigueur contagieuse et ses relectures attentives.

Merci à Guillaume Allary, pour sa patience d'éditeur et d'ami, pour cette absence parfois totale d'indulgence qui est le meilleur des moteurs.

Merci à mes parents, à ma mère et à mon père, qui m'ont donné le goût des livres, et la chance de pouvoir les étudier.

TABLE

CET OUVRAGE
A ÉTÉ ACHEVÉ D'IMPRIMER
SUR ROTO-PAGE
PAR L'IMPRIMERIE FLOCH
À MAYENNE EN JUILLET 2006

N° d'éd. L01ELKNFF8529N001. N° d'impr. 66241.
D. L. : juillet 2006.
Imprimé en France